陈嘉映 著

何为良好生活

行之于途而应于心

上海文艺出版社

目 录

序言 / 001

第一章 伦理与伦理学 / 001

§1 伦理学这个名称 / 003
§2 伦理与道德 / 004
§3 伦理学与语言 / 006
§4 人该怎样生活 / 008
§5 亚里士多德学科分类中的伦理学 / 010
§6 伦理学内的分科 / 013
§7 伦理学之为伦理领域的穷理 / 017
§8 说理与劝求 / 020

第二章 功效主义与自私的基因 / 027

§1 功效主义简介 / 029
§2 幸福计算 / 033

§3 经济学帝国主义 / 035
§4 利益最大化 / 037
§5 利己即利他？ / 040
§6 看不见的手 / 043
§7 "自私的基因" / 045
§8 自利与自私 / 052

第三章 事实与价值 / 057

§1 "是"与"应当" / 059
§2 从借钱这个事实能够推出应当还钱吗？ / 061
§3 自然而然的存在是实然与应然未分之处 / 062
§4 简论社会研究与自然科学的区别 / 065
§5 人文/社会研究的科学化 / 071
§6 伦理学是有我之知 / 074
§7 评价与"主观" / 078
§8 伦理学重在论理 / 082
§9 伦理道德方面的实证研究 / 085

第四章 实践中的目的 / 093

§1 目的—手段 / 095
§2 下棋不是好玩的手段 / 098
§3 目的与用途 / 100

§4 绘画既非单纯取效也非单纯游戏 / 101

§5 创造性与自主性 / 105

§6 行医也并非尽于取效 / 108

§7 德与才 / 112

§8 内向效用 / 117

§9 学医是为了悬壶济世吗？/ 124

§10 实践传统的式微 / 131

第五章 知行关系 / 135

§1 知行合一 / 137

§2 贺麟论知行合一 / 141

§3 知行合一说的困难 / 145

§4 深知而与行合一 / 147

§5 心理与心性 / 152

§6 屈原需要心理治疗吗？/ 160

§7 "理论指导实践" / 163

§8 示范 / 169

第六章 快乐、幸福、良好生活 / 177

§1 快乐是不是好的 / 179

§2 目的与欲望 / 187

§3 快乐内融在活动中 / 189

§4 求乐 / 193

§5 苦乐交织与以苦为乐 / 195

§6 快乐的天然位置 / 198

§7 幸福 / 202

§8 自我实现 / 206

§9 良好生活 / 211

第七章 性善与向善 / 215

§1 善（好）这个词 / 217

§2 孟子的性善论 / 219

§3 荀孟异同 / 224

§4 性有善有恶论与性无善无恶论 / 227

§5 善"不与恶做对" / 229

§6 成心输棋与有意为恶 / 237

§7 "一体之心" / 239

§8 德性与本能 / 242

§9 "道德考量" / 248

§10 向善与虚伪 / 252

第八章 个殊者与普遍性 / 259

§1 不同的立身之本 / 261

§2 相对主义 / 265

§3　底线伦理 / 268
§4　汉斯·昆的"真正的宗教"/ 273
§5　家族相似与重叠共识 / 277
§6　环境之为内在制约 / 280
§7　普遍与会通 / 286
§8　个殊者实现自身 / 292

序　言

本书探讨伦理学中的几个论题。读过几本书的人知道，天下的道理差不多早都被前人讲过。其中有些，我有自己的体会、思考，尝试用当代中国普通读者比较易懂的方式把这些道理重新讲述；有些，前人好像讲得不太对不太好，我尝试讲得更好些。也许没做到——我一直对自己期望不高，更希望的倒是有几个读者能与作者一样感到诚实的思考实是人生一大乐事。"生今之世，承诸圣之表章，经群英之辩难，我得以坐集千古之智，折中其间，岂不幸乎？"

书中很多内容曾以单篇文章形式发表于《新世纪》等刊物，当然，这些内容多多少少以不同的方式呈现在这里。有些论题我曾在以前的著述中讨论过，这里对这些论题做了重新思考。本书大半内容曾用于教育部人文社会科学重点研究基地2006年度重点项目《20世纪中国伦理学：问题与思考》的结项成果。

外文文著的引文，我尽量用中译本的页码注出出处，但译文可能是我自己的。柏拉图和亚里士多德的引文只标出 The Loeb Classical Library 版本制定的边码，译文则参照各种中文、英文、德文译本乃至希腊原文译出。维特根斯坦的引文只标出书名和文节编号，译文都是我自己的。

  本书的完成得到教育部人文上述项目及华东师范大学中国现代思想文化研究所的资助。我为本书的出版感谢上海文艺出版社和本书的责任编辑肖海鸥。本书出版前，陈嘉曜、刘晓丽、陈茜、张婉、李静文几位也读了书稿并提出了修订意见，在此一并致谢。

2014 年 6 月于北京

第一章 伦理与伦理学

§1 伦理学这个名称

本书讨论的几个论题，如目的/手段、知行关系、性善性恶、良好生活，通常在伦理学名下讨论。那么，我先简短说说我对伦理学的理解。

伦理学这个名称是从西方引进的，译自西文 ethics。在西方思想史上，亚里士多德第一次把 ta ethika 用作专门语并创立了伦理学这个学科。西塞罗用 philosophia moralis 来对应 ta ethika，英语继承了这个用法而有 moral philosophy 这个名称。Moralis 的意思和 ethos 差不多，细说，希腊词 ethos 的意思偏于性格、角色、性情，character。再向远处追索，则来自炉灶。拉丁词 moralis 的意思偏于习俗、风度、customs、manners。不妨说，ethos 更多与个人有关，moralis 更多和人群有关。在近世英语里，moral 和 ethical 有时可以替换使用，但有时两者有别，例如涉及两性关系人们更多说到 morality，和工商业有关时更多说到 ethics。从这些用法看，这两个词现在的含义与古时候的含义有点儿掉过来了：the ethical 多涉及社会人伦关系，morality 更多和个人有关。

中国思想一向侧重于伦理领域，可说是伦理本位的。孔子的思想一般被视作伦理学说。老子一般被解释为政治—伦理学说。宋明理学因应佛教挑战，吸收某些佛学和道家因素，发展出一套本体论—宇宙论—知识论，但一般认为其核心仍然是伦理—政治关怀，尊德性也始终被置于道问学之上。但中国的学问体系不是以西方的分科之学那种方式组织起来的。十九、二十世纪之交，中国引进西学以后，始有伦理学这个称号。

§2 伦理与道德

伦理和道德这两个词，虽然古已有之，但它们现在的含义，像其他移植词一样，更多与西文相连。伦理相应于 the ethical，道德相应于 morality。首先，它们的意思接近，我们说底线伦理，又说道德底线。但细究起来，伦理更多关涉社会人伦关系，morality 更多和个人有关，例如我们说到某人的"道德品质"。此外，伦理比道德用得少，差不多是个总题性质的论理词。多半是由于这层关系，我们通常不会说一个人不合伦理，至少，这种说法显得相当学究气，听起来比较隔阂，因此也就不那么严重；若说一个人或一种行为不道德，听起来就相当严重。

社会生活中有一套又一套的规范，发音或书写有一套规范，体操动作有一套规范，这些都无关伦理道德，有时也被称作技术性规范。有些规范是风俗习惯，例如有些民族不吃猪肉。不过，风俗习惯之为规范与道德规范并不总是分得一清二楚。我喜欢晚睡晚起你喜欢早睡早起，看来只是生活习惯不同，可《弟子规》教导我们说，起宜早睡宜迟，听起来有点儿像道德训诫。宰予昼寝，夫子骂他粪土之墙还鼓动弟子群起而攻之。犹太人不吃猪肉，在我们看来是习俗，但他们也许认为吃猪肉是很不道德的行为。穿着暴露只是不合习俗呢抑或有伤道德？赤身裸体在街上走呢？这把我们引到一些一般的问题：我们该怎样确定一件事情涉及道德与否。

在有些人看来，道德与非道德之间有明确的界分，或者用康德的话说，道德畛域是自治的。与之相应，他们也会认为道德规范不随时间、地区、文化变化，它们对所有时代、所有文化和所有人都同样有效。但在我看来，道德领域不是一个孤立的领域，道德规范随着时间、地区、文化不断变化。值此之故，我认为伦理学这个名称优于道德哲学——伦理和道德有一层细微而重要的区别：在说到伦理的时候，我们更多联系于特定的社会形态，而不同社会有个殊的伦理关系和伦理规范，而说到道德，我们倾向于把某些伦理规范从个殊的伦理关系中抽离出来，把道德视作某种独立的、普遍的东西。

若说伦理学仍不免以道德研究为其探究的领域，那么不妨说，伦理学是在一般社会生活的背景下来探究道德善恶——从社会生活出发来看待伦理关系，进而从伦理关系来看待道德要求。也许反过来说更好些：伦理学从道德善恶维度来探究社会生活。的确，单要区分哪些是道德规范哪些是一般社会风俗习惯，就需要去察看一般社会生活，以及当事人对社会生活的一般看法。这又涉及当事人的性情、性格，他对美的感受等等，涉及他的整体自我和整体生活实践。例如，品格这个词就联系着性格和道德。总之，在我看来，道德植根于伦理并与伦理生活交织在一起，伦理则植根于一般社会生活并与一般社会生活交织在一起。

§3 伦理学与语言

上一节说，道德相应于 morality，这是个笼统的说法，并不意味着道德与 morality 同义。伦理学是哲学论理的一支，在伦理领域，像在哲学一般中，事物与谈论事物的语词无法完全分开。就拿"什么是道德"这个问题来说吧，道德不是一个物体，我们无法通过观察这个物体对它做出刻画，要回答"什么是道德"，我们必定会以某种方式从人们怎样使用道德这个词开始。在日常会话中，人们会说到某些行为甚至某些想法是不道德的，论理家把这些行为、想法等等拢集在一起，看看人们根据什么道理把它们归为一类，归为"不道德"之类。伦理探究始终与对伦理的言说的探究纠缠在一起。哲学追索根本道理，而很多根本道理凝结在我们的语言之中。因此，哲学家在阐论其学说时，几乎都会用语言中的实例作证。第七章会讲到王阳明用知孝知弟这些说法来论证知行合一的学说。

这当然不只涉及思考进路。不少理论家主张有永恒不变的道德，但若考虑到希腊语里没有哪个词与道德十分接近，考虑到道德在古汉语里例如在道家那里的含义与如今不尽相同，考虑到即使在今天不同的伦理学派对道德也有不同的界定，他们要论证自己的主张就多了一层困难。麦金太尔不仅注意到在中世纪临近结束之前的任何古代或中世纪语言中都没有可以准确地用我们的 a right（权利）一词来翻译的表达式，他由此还得出了一个很强的结论：根本不存在此类权利。[①] 总之，伦理学探讨的事绪和语词本身纠缠在一起，在相当程度上我们可以说，有些行为和心理，没有语言就不会有——就像有些战术是没有电子通讯设备就无法有的——例如辩解，说服，为万世师表的雄心，对人生意义的困惑，内疚，迫害异端。

当代汉语伦理探究还有一个额外的问题。本来，我们的日常伦理生活是联系于我们的母语得到经验的，我们经验到某个人的慷慨大度而不是经验到他的 magnanimousness 或 megaloprepeia，经验到某个人的善意或优秀而不是经验到他的 goodness。伦理学作为伦理经验的反思，本来应当使用善意或优秀之类的母语语汇。然而，现代汉语的伦理词多半是从西语中移植过来的，前面已经提到过，就连道德、伦理这两个词，虽然古代汉语中就有，但今天它们的含义难免与 morality 和 ethics 纠结在一起。讨论西方伦理学时，碰到 good 这个最常用的词都可能发生困难，不知把它译成好还是译成善。这种问题不出现在物理学那里——中国人英国人使用的是同一种物理学语言，中子不多不少就是 neutron。

这些纠缠贯穿全书，因此我愿及早提及。

[①] 阿拉斯戴尔·麦金太尔，《追寻美德》，宋继杰译，译林出版社，2003年，87—88页。麦金太尔的这个结论，我们后文还要提到并稍加讨论，但若例如中国传统社会从来没有哪个词与 a right 哪怕大致相当，我们至少可以安全地说，当时的中国人并没有权利概念。

§4 人该怎样生活

伦理学虽与道德问题关系紧密，但它并不是狭义的道德研究，毋宁说，它联系生活整体来考虑道德维度。因此，威廉斯建议把苏格拉底问题即人该怎样生活这个问题，作为伦理学的初始问题。[①] 或者就像今人常提的那样：伦理学探讨人生问题，探讨生活的意义何在。

我们通常不会凭空去考虑人该怎样生活，我们通常考虑的，是在一件一件具体的事情上该怎样做，例如考虑我是该考研究生呢还是该作为志愿者到甘肃农村去教书。但这种具体的考虑有时不仅是在决策论意义上做一个决定，不仅是在特定条件下盘算、权衡，而是要连同我是个什么样的人，即我的整体生活旨趣一起来考虑。这时候，考虑的内容就不再只是在一件具体的事情上我该怎样做，而是连到了我该怎样生活这个更一般的问题上。

我该怎样生活涉及我对生活的一般刻画和一般看法。这种刻画和认识不可能局限在一个人自己身上，我们同时也在琢磨别人的生活，例如琢磨我所仰慕的人是怎样生活的，也在考虑一般说来人该怎样生活，例如想到某些人的做法让我反感或让

[①] "苏格拉底问题是道德哲学由之开始的最佳起点"，Bernard Williams, *Ethics and the Limits of Philosophy*, Routledge, 2006, 4 页。在这部著作的第一章，威廉斯从几个重要方面阐发了这个问题的蕴含。其中一个方面是他区分 should 和 ought, 后者更多从道德义务着眼，这层区别我勉强用人该怎样生活和人应当怎样生活来加以表达。

我轻视。我们不能假装我只管我自己该怎样生活而对他人该怎样生活不抱任何态度，实际上，由于我的行止对于我自己来说通常无可置疑并在这个意义上是自然的，我们最先是从他人那里感到是与该的分离——我们最先会说的是你该怎样、他该怎样而不是我该怎样。这个我们先不深论，这里要说的是，我在一件具体的事情上考虑自己该怎样做，并不意味别人也该这样做，但我该怎样生活这样一个看似属于我自己的问题则必然联系于人该怎样生活这样的一般的问题。

一方面，我该怎样生活这个问题不只关乎我自己，但另一方面，人该怎样生活总是与我该怎样生活连在一起来考虑才有意义。伦理思考无论行多远，都不可脱离思考者的切身关怀。尽管我们不可能只考虑自己该怎样生活而对他人该怎样生活全无所谓，人该怎样生活这个问题却并不是在为所有人该怎样生活寻求答案。我们谁也无法为所有人该怎样生活提供答案，换言之，人该怎样生活根本没有一个对人人都有效的或有意义的答案。

§5 亚里士多德学科分类中的伦理学

人该怎样生活这个问题在苏格拉底那里是哲学的核心问题，因此也称为苏格拉底问题。但在苏格拉底那里，并没有伦理学这个学科，是亚里士多德第一次对哲学或一般学问做出分类。亚里士多德把人类活动分成三类：理论活动、实践（praxis）、制作（poiesis）。实践不同于理论活动，因为实践改变对象而理论活动不改变对象；实践不同于制作，因为制作活动是纯粹取效的，其目的在制作活动之外，而实践的目的则并不尽在实践之外。① 与这三类活动相应，亚里士多德区分三类学科：理论学科，包括形而上学、数学、物理学；实践学科，包括政治学、② 伦理学；制作学科，包括诗学。

亚里士多德区分理论之知与实践之知，前者是 episteme，特属于实践的知是 phronesis，"一种获取真知的禀赋，包含了道理（logos），关涉的是那种关乎人之善好与不善的行动"。③

---

① 我们将在第四章展开这个话题。此外可以提到，在亚里士多德那里，概念区分并不总是那么一致和清晰。有时候他把制作也称为实践，这时，实践分成实现外部目的的活动如盖一座房子和本身即是目的的活动如生活整体、沉思。在另一些场合，他在很广的含义上使用 praxis 这个词，这时，连星辰、植物都有实践，但他通常会说，惟人有实践，"动物没有实践"（《尼各马可伦理学》[以下皆简称 NE]，1139b20）。
② 在亚里士多德那里，伦理学和政治学同被列为实践科学，不过，亚里士多德的政治学与今天的政治学不尽相同，他不区分哲学和社会科学，他的政治学混合今天所称的政治哲学和政治学。
③ 这样区分这两个词是亚里士多德哲学里的论理用法，在柏拉图那里，episteme 和 phronesis 经常混用。在亚里士多德那里，它们的用法也并不总是一致的，有时候他把所有的知都称作 episteme，依此，phronesis 属于 episteme，但专门讨论实践时，他通常把 episteme 和 phronesis 对称。这些细节我们放过不论。

（NE，1140b4）Phronesis 通常译作实践知识或实践智慧，也有译作明智的。把 phronesis 译成实践知识是有疑问的，我们后面会讲到，知识这个词主要指明述的系统的知，译成实践知识不如译成实践之知。译成实践智慧，智慧似乎太高了。我们会说伯里克利或管仲有实践智慧，但一个人会做饭，会盖房子，叫智慧有点儿过了。而且，无论译作实践知识还是实践智慧，都更像是解说而非译名，译成实践之知也有这个缺点。明智这个词，如果取其古汉语里的含义，倒是相当好，但在现代汉语里，明智主要用于对手段的考虑，而 phronesis 不是种技术而是德性（NE，1140b25-26），不仅是选择正确手段的能力，也包括思考哪些目的值得追求的能力。强为之译，也许可以译作明慧或聪慧。

理论科学的目标是为真理而求真理，它们不改变事情本来的样子，例如，对天体的研究不改变天体的运行。实践学科不是单为真理本身之故而探求真理，例如，伦理学研究的目的不在于知道善人是什么样的人，而在于我们自己成为善人，不仅意在知道什么是德性，而在力求使我们自己有德。伦理学"不像其他知识分支那样，以静观、理论为目的……而是教人怎样成为善好的人，否则这种研究就没有意义了"。[①]

亚里士多德一方面区分三类人类活动以及与之相应的三类学科，另一方面区分理论之知和实践之知，这两方面分别看上去都还整齐清楚，但合在一起，却似乎没为伦理学—政治学给

---

① 亚里士多德，NE，1179b。参见乔纳森·巴恩斯编，《亚里士多德》，三联书店，2006 年，25 页。

出一个位置。一方面，伦理学—政治学是明述的系统的知识，这种知识不同于实际伦理实践中所培养所展现的知，不同于行为者的明慧练达或 phronesis。另一方面，伦理学—政治学不是物理学那样的纯静观的理论，它产生的不是理论知识。伦理学—政治学是何种类型的知？这个问题在亚里士多德那里并没有一个清楚的答案。本书后文将在几处回到这个问题上来。

另一个疑问也许更加突出——善好和德性是否可教？即使可教，是靠"身教"还是靠伦理学这样的系统论理来教？伦理学教人为善这个命题若说古时已经可疑，今天恐怕更难成立。一个一个伦理学系跑一跑，哪个教授好意思说他敢教人善好和德性？他一个个斤斤于蝇头名利，他一个个百无一能的腐儒，顶好也不过是个方头正脸的亚中产。毕竟，尚没有伦理学的时候，世间早已有善好之人善好之行。伦理学教人为善这个主张还进一步暗含，有大家都要接受的善好，而伦理学家更了解这种共同的善好，这些也都有待商量。亚里士多德对伦理学教人为善其实也有保留，他说："但事情却是，使人高贵的诸种理论虽然似乎有力量使那些生性高尚的人归于德性，但它们却没有能力去促使大多数人追求善和美。……想用理论来改变在性格上形成的习惯，是不可能的，或者是困难的。"（*NE*, 1179b）

§6 伦理学内的分科

在亚里士多德那里,伦理学是个笼统的学科;后世学问日繁,伦理学家常把伦理学分成几支。常见的一种做法——例如,梯利就是这样做的——是区分理论伦理学和实践伦理学,"前者发现规律,后者应用规律"。[1] 这个区分在一定程度上可以缓和伦理学是否教人为善这个问题的尖锐性:理论伦理学不关教人为善的事,教人为善的是实践伦理学。蔡元培是最早从西方系统引进伦理学的学人之一,他在《中学修身教科书》界下理论伦理学和实践伦理学的区分,实践伦理学"本理论伦理学所阐明之原理而应用之,以为行事之轨范"——"理论伦理学之于实践伦理学,犹生理学之于卫生学也。"[2]

另有一种做法是区分规范伦理学和描述伦理学,这种区分与理论伦理学和实践伦理学的区分颇为接近——规范伦理学探讨我们应当怎样生活,尝试提供一套伦理规范。描述伦理学则只是描述各种伦理规范,并不告诉我们应当遵从哪套规范。

自摩尔开始,伦理学又多了一个分支:元伦理学。元伦理学的旨趣不在提供道德规范,甚至也不在提供道德问题的思考方法,而在于澄清伦理学这个学科本身的性质,例如,伦理学的学科地位,伦理学与其他学科如心理学、社会学的关系。元

---

[1] 弗兰克·梯利,《伦理学导论》,何意译,广西师范大学出版社,2002年,第一章第12节。
[2] 蔡元培,《中国伦理学史·中学修身教科书》,商务印书馆,2010年,208页。本节所引蔡元培皆出自此书,不再另立脚注,只随文标出页码。

伦理学讨论：有伦理知识吗？伦理主张能获得客观性与普遍性吗？伦理学理论与伦理实践是什么关系？伦理学的目的是不是教人为善？伦理学能指导生活吗？元伦理学的提法二十世纪上半叶流行于分析哲学中，有的哲学家认为所谓规范伦理学其实属于上述修身书之属，真正属于哲学的只有元伦理学。元伦理学的提出与哲学中的语言转向相关联，有些哲学家认为元伦理学的任务就是研究伦理领域中的语言使用，例如黑尔就把伦理学理解为"道德语言的一种逻辑研究"。[①]

我对上述区分颇多异议。这里分成几点来说。

一、如果所谓规范伦理学的任务是提出一套道德规范，那么，无论这套规范多么高尚或恰当，无论规范的提倡人多么有学问，它似乎更接近于某个教派的传道书，更接近说教或政治思想教育，不成其为一门什么"学"。蔡元培在《中学修身教科书》之前，出版了一本《中国伦理学史》，他在该书绪论中区分伦理学与修身书，修身书"示人以实行道德之规范"，伦理学则"以研究学理为的"，又说"伦理学者，知识之径途；而修身书者，则行为之标准也"。伦理学既然是研究学理的，所以"于一时之利害，多数人之向背，皆不必顾"。（5页）他后来在《中学修身教科书》中采用理论伦理学和实践伦理学这对用语，原来的框架则未变：上篇为实践伦理学，下篇为理论伦理学。实践伦理学这个名号颇为误导，观其书中的实践伦理学部分，实际上即为修身书，以提供行为之标准或规范为目的。蔡元培也明确说：应用之学，其实属于术，"惟理论之伦

[①] 理查德·麦尔文·黑尔，《道德语言》，万俊人译，商务印书馆，2004年，1页。

理学，始可以占伦理（学）之名也"。（208页）若强说实践伦理学与修身书有什么差异，则可说实践伦理学背后有理论伦理学的原理支撑，即"本理论伦理学所阐明之原理而应用之"。这就引到了第二点。

二、区分伦理学与修身书，这我很赞同，但修身书与伦理学总有一层特殊的关联，把两者做个区分容易，要说清两者之间的关联就麻烦些。依照梯利与蔡元培的刻画，所谓修身书或实践伦理学即是现在所称的应用伦理学。应用伦理学探讨在具体行业中应当怎样合乎道德地行动，例如医学伦理学探讨医疗或医生的伦理等等。上面说到，实践伦理学这个名号颇为误导，同样，应用伦理学这个名称也有疑问。蔡元培说应用之学其实是术，这倒不尽然，应用力学、应用数学，它们也是独立的学科。这里的疑问在于，应用伦理学预设了一套伦理学理论，就像应用力学预设了理论力学那样。然而，伦理学是否能提供理论？医学伦理的探究是不是伦理理论的应用？只说一点：应用力学之成立，依赖于大家对力学基本理论没有什么争议，而伦理学有多家多派的理论，"伦理理论的应用"应用的是谁家的理论呢？伦理学是哲学的一个分支，如果并没有哲学应用一说，自然也谈不上伦理学的应用。无论称之为实践伦理学还是应用伦理学，"本理论伦理学所阐明之原理而应用之"这一思路是有疑问的。我同意维特根斯坦，哲学并不提供理论，我也不认为医学伦理是谁家理论的医学应用。数学哲学不是把谁家的理论应用到数学领域，科学哲学也不是把谁家的理论应用到科学领域，它们是对数学和科学的哲学思考，同理，医学伦理学就是对医学的伦理学思考。当然，应用伦理学已成定名，就像印第安人一样，不妨将错就错，未必需要改掉，我们只要不被名称误导就好了。

三、描述伦理学这个名称也有疑问。描述一个民族都有哪些伦理规范，似乎是人类学—社会学的任务而不是伦理学的任务。但如后文将要说到，人类学—社会学是否能做到不带评价的"纯描述"，这本身是个问题；但更重要的在于，哪个学科固然都离不开描述工作，但任何学科，无论是伦理学还是人类学—社会学，从来不止于描述，它需要追问事情为何如此。

概括言之，我认为把伦理学分成规范伦理学、理论伦理学、元伦理学等等，尽管在特定上下文中可能起到提示作用，但更多的恐怕是误导。我很同意蔡元培，以修身书那样的方式列举多项道德规范不是伦理学的任务，对各种各样的道德规范进行反思进行论证才是伦理学的任务。不过，提供规范与对规范进行反思、论证并不一定互相隔绝，所谓规范伦理学通常不会只列举些道德规范。例如，新儒家意在提供一套儒家道德规范，但同时，他们也在从事伦理学论证工作，这包括论证儒家的伦理规范比其他的伦理规范系统更加优越，论证这些规范如何可能应用于或适用于今天这样一个已经大不相同的世界等等。对伦理规范的反思会引向各式各样的问题，其中也包括对伦理学本身的性质的思考，即所谓元伦理学问题。

§7 伦理学之为伦理领域的穷理

按梯利、蔡元培他们的看法，修身书或实践伦理学"本理论伦理学所阐明之原理而应用之"，但依我看，这是把"理论伦理学"的位置弄反了。社会生活总要求我们遵行某些伦理规范，到一定时候，就有圣人把生活中的实际规范加以整理，去陋存精，"示人以实行道德之规范"，如摩西十诫或孔子在《论语》中的很多金言。这套规范的道理何在，他们没说什么，或零星说到一点儿，民使由之可也，不可使知之。实际上，圣人固然对天人之际体会得宏达又精微，却不一定长于成套论理——成套论理的需求和技术都还不曾发展起来。伦理规范系统是否合宜，原不在于是否讲出一套道理，而在于这套伦理规范是否合乎道理。但文字时代既已开始，道术为天下裂，你提倡一套规范，他提倡另一套，每一套规范的提倡者，即使起初并不好辩，这时也不得已要为他所倡导的规范讲出一番道理来。当然，他若要讲得出道理，他提倡的那套规范本来就得有道理。

一条合理的规范所依的是什么道理，并不总清清楚楚。大多数规范系统不禁止杀生，却禁止杀人。这当然是有道理的。[①] 其中的一条道理大概是，蚊子或蚂蚁在死亡过程中不怎么感到痛苦。这个道理有一定的解释力，例如，它也能解释为什么随

[①] 下面这段参见麦克马汉关于堕胎问题的讨论，载于休·拉福莱特主编，《伦理学理论》，龚群主译，中国人民大学出版社，2008年，107页。

意杀死一条狗比踩死一只蚂蚁更难让人接受，自愿堕胎权利的支持者有时沿这条思路来论证自己的主张——胎儿并不感到痛苦。但尽管这条道理有一定的解释力，却会招来一些显而易见的质疑：你怎么知道蚂蚁不感到痛苦？你怎么知道胎儿不感到痛苦？放过这些不论，我们要问，杀人和踩死蚂蚁的区别主要来自蚂蚁不感到痛苦吗？一刀砍死一个睡梦中人，他没感到痛苦，却跟其他杀人案例没多大差别。也许，杀人和杀死青蛙的区别并不在于它们是否感到痛苦，而在于前一例中你消灭的是未来可能富有意义的生活。这可以部分解释为什么杀死一个孩子或一个大家爱戴的人更遭人痛恨。但这一点也并非那样一清二楚：我们凭什么从生存具有多大意义来看待杀生问题呢？又该由谁来确定哪种生存更富意义呢？

无论什么道理，都不是孤零零的，每个道理都连着别的道理，这个道理得到一些道理的支持，却与另一些道理不合。目的的正当性是否能为实现这一目的所采用的任何手段提供充分辩护？曰是曰否，都能说出一番道理。知行是两回事抑或知行合一？跳水救人是出于道德考量抑或出于本能？保护古建筑或救黑熊重要吗？曰是曰否，也都能说出一番道理。在同一平面上的反复辩驳也许不能得出究竟，为此我们也许需要追索更深层更普遍的道理。蚂蚁是否感到痛苦——我们该怎么想才能开始回答这个问题？这个问题显然联系于我们怎么知道蚂蚁是否感到痛苦，而这又显然联系于我们怎么一般地知道其他人以及动物们的感受。为此我们就需要考察什么叫知道，什么叫心理或心灵。何为知，何为心，这些即是近世哲学家所称的概念考察。上一节说到，任何一门"学"都在于追究事物的为什么，追究理由和道理，概念考察或辨名析理是这类追究的一种特殊形式，它追究的不是作为机制的为什么，而是日常理由背后的根本道理。系统地追索纷繁道理背后的更根本更普遍的道理，就是我们通常所说的哲学活动，从前则称作"穷理"。所谓穷理，不是在平面上追索，而是向纵深处追索。①

人但凡有点儿灵性，不可能从不对生活中的某些事情感到困惑，继而加以思考。伦理思考是人类思考的重中之重，人人都想过自己怎样处理一件事情比较公平，想过别人的做法是对是错，人人都曾尝试用某种道理来说服别人做某件事或不做某件事，都曾用某种理由为自己的某种行为做过辩护。生活中的实际伦理思考、讨论、争论，这些既是伦理学的发祥之地，也是伦理学所要探究的课题，但这些活动本身并不是伦理学。每个人的困惑由这个那个具体的、偶然的事件引发，而求解惑的努力会把我们引向一些多多少少具有普遍性的问题，"哲学问题"。在那里，这个那个偶然的问题，你的问题和我的问题，交织起来，平常说理转变成系统论理。

总括言之，伦理生活总是从默会或明述的规范开始，这些规范在现实生活中磨打出来，由圣贤提炼出来，是些多多少少有道理的规范，后世乃可得演绎其中的道理，相互质疑、驳斥、辩护、补充、辨名析理，从而形成比较完整的道理系统，是为伦理学。

---

① 关于穷理，关于根本道理，关于穷理最终能不能达到"至理"等等，参见拙著《说理》（华夏出版社，2011年），特别是该书的第一章。

§8 说理与劝求

伦理学旨在说理、穷理,但说理、穷理能否劝善?稍有常识的人都知道,我们很难指望通过说理让别人接受自己的愿望、想法、主张。为此,除了说理,还有种种其他办法:好言相劝、恳求、纠缠、煽动、欺骗、利诱、威胁。

我们可以从不同角度来为这些方法分类。斯蒂文森先把威胁、利诱之类放到一边,把其余的方式分为理性的方式与非理性(nonrational)的方式。[①] 诉诸事实和逻辑来支持自己的主张是最典型的理性方式——你列举吸烟的种种有害后果劝说父亲戒烟,说明某种药剂的疗效来说服生病的丈夫服用它。指出对方不合逻辑当然也是典型的理性方式。诉诸事实和逻辑,也就是我们通常所说的科学求真。非理性的方式,据斯蒂文森,其中最重要的是 persuasion,如劝说、劝诫、恳请、恳求等等。你就让他这一次吧,我求你了,这时候,我不是在为我的请求提供理由。我们说好言相劝,突出的不是好理由而是相劝时的好态度。这两大类方式并不总是能明确区分,引征权威、诉诸公议似乎就落在两类交集之处,在实际讨论和争论之际,人们通常也交替并混杂使用这两种方式,但它们有大致区别,这一点

---

① 查尔斯·L.斯蒂文森,《伦理学与语言》,姚新中、秦志华译,中国社会科学出版社,1991年,156—158页。下面马上说到,非理性不是 nonrational 的良好译名。有译者译之为理性无涉等,也未必佳。其实,rational 和 nonrational 本来也不一定是良好的标签。汉语里的晓之以理与动之以情也许更恰当,虽然斯蒂文森这里所谓非理性方式比动之以情要宽些。

还算清楚。用理性方式与非理性方式标示这一区别显然不大好，非理性强烈含有胡做混来的意思；尽管我们可以声明这里使用非理性时不是指胡做混来，但这种人为排除法既笨拙又不是很有效。我觉得不如更朴实地把前一大类称作说理，后一大类呢，就称作非说理的方式。为论述方便，我还临时编造一个词，劝求，用来概括这两大类方式。

把说理与其他方式分开，是要说明说理是一种独特的劝求方式，不是与其他方式并列的一种。不过，说理之为独特的劝求方式，并不在于用它来劝求格外有效。学者以科学求真为业，容易高估事实和逻辑的力量，我们却知道，在日常生活中，要让别人接受自己的愿望和主张——这里仍然把利诱、威胁排除在外——好言相劝、恳求、宣传、煽动通常效果更佳。维特根斯坦曾注意到，虽然人们在劝求时有可能提供理由，"但这些理由能达到多远？理由穷尽处，是劝请（uebe rreden）。（想想传教士让土著人改信宗教时的情况。）"[①] 你信念执著激情洋溢，或表现为如此，人们就容易被你打动，即使人们后来发现你的主张与事实、逻辑相悖，只要他们相信你本意真诚，也不大与你计较。科学求真在群众那里没有很大市场。我们不必太多为事实和逻辑抱屈——人们本来不是要为正确生活，而是要生活得热热闹闹忽忽悠悠，而且，细节之真本来与正确判断关系不大，例如，我记住一大堆数据，照样会错判经济形势，经济学家各个都记得比我们多十倍，判断大形势时常截然相反。生活中到处是紊流，分明的事实和清明的逻辑不一定能

---

① 维特根斯坦，《文化与价值》，§612。

带我们多远。不管怎么说，求真态度以及与之紧密联系的准确性，在日常生活中是相当边缘的德性，它们的重要性是在哲学—科学的发展中集中体现出来的。

至于伦理学这种系统论理的劝求作用，则更加可疑。生活中的争执多半与利益相关，调解利益之争主要靠谈判，谈判虽也要引征道理，但跟系统论理关系不大。即使所涉并非利益而是德性，也不可高估伦理学的劝求作用。我们更多依据品质出自直觉行事，无须很多反思和审思，何况，为事者需要坚定和敏捷，这些德性会因系统论理受到损伤。波斯纳列举了罗尔斯等一串"学院道德家"，认为他们的理论几乎不可能说服任何原本持有不同观念的人，不能改变任何人的道德直觉，而且，它们"并没有为道德判断提供很合用的基础，也不能使我们在私人角色上还是在公共角色上道德更高尚"。由是，波斯纳断言"道德理论毫无用处"。[1]我自己也不相信辨名析理这类哲学论证在实际事务中有多大作用，也认为"学院道德家"在塑造道德观念方面恐怕为自己提出了不切实际的任务。不过，我相信系统论理在实际生活中倒不见得"毫无用处"。在简单事例上，我们更多依据品质和直觉做事，但在复杂事例中，这些往往不够，这些之外还需要审思。

然而，在我看来，我们一开始就不能只从或主要从说服、达到共识之类的"效果"来看待说理。在伦理领域，何曾有哪套道理让所有人都信服，最后达到了共识？问题还不在于达到

---

[1] 理查德・A.波斯纳，《道德和法律理论的疑问》，苏力译，中国政法大学出版社，2001年，原书序3—4页、正文3页。波斯纳所区分学院道德哲学和实业道德哲学，后者才是有意义的。

共识是对说理的功效要求过高,而在于,在伦理领域中,达到共识并不总是可欲的目标,如威廉斯所云,看法上理解上价值上的"分歧(不同意)并非(总是)必须克服的"。[1]

与这一点相关但未尽相同的还有一个重要之点较少为人觉察。这种要求把说理完全视作说服他人的努力,从而把说理与某种傲慢连在一起。晓之以理蕴含"我比你高明"的意思:我有道理而你没道理,或,我比你更有道理。这种优越感,"至少是临时的优越感"(威廉斯语)贯穿于古往今来关于说理和理性的全部理解,不可不察。今人固然不敢自视为孔子那样的万世先师,更不敢自视为柏拉图笔下的哲人王,但很大程度上由于我们首先从科学论证来理解说理,这种进取性的、居高临下的说理观不仅没有削弱,反而有所加强。然而,居高临下宣扬任何一种道德主张都适足,让人心生警惕。更别说那班成功者的喋喋不休了——他的成功已经够为他做宣传了,他还要振振有辞地教训我们。

考诸实际,说理远远不都是进取性的。我们只要想一想人们为自己做辩护的情形就够了——自我辩护者不是要宣讲某种道理,而是要表明他并不是没道理。他希望别人理解他。海德格尔认为我们时代的基本调性是 verhaltenheit,谦抑。我们的确需要以更谦抑的态度来看待说理。我们与其从进取性的说服着眼来看待说理,不如首先把说理视作不同的经验之间求取理解的努力。而其他的劝求方式,好言相劝、恳求、宣传,却并非这种努力,煽动、欺骗、利诱、威胁当然更非此类。

---

[1] Bernard Williams, *Ethics and the Limits of Philosophy*, Routledge, 2006, p. 133.

我干吗要理解你呢？我干吗要让你理解我呢？这些宽泛的问题可以从很多角度来回答，但首先，因为我把你当作human being。理解有层层含义，我们会说，某人正在尝试理解红血球运送氧气的机制。但理解的首要含义，或至少，我们这里讨论的含义，是人之间的互相理解。人际理解远不止是一种智力活动，而首先是一种伦理态度，视对方为理性存在者的态度。

　　我们来到一片新大陆，把土著当作敌人，防范他们、攻击他们，就像防范、攻击野兽一样。为了有效地防范和攻击，我们也需要了解他们怎么看待事物——这种了解并非出于对他们的心灵有兴趣，我们只是要了解他们将对各种事情做出何种反应，就像我们经常需要了解自然力，了解野兽的反应。惟当我们把土著视作人，才会去努力理解他们——不是为了对付他们去了解他们，而是对他们怎样看待世界这件事本身感到兴趣。同时，我们也希望他们理解我们。

　　所谓他者，the other，就是在互相理解层面上遭遇的存在者。一块石头不是他者。他者是我希望去理解也希望得到其理解的造物。在跟你相处的时候，你的看法，你对世界的看法，你对我的看法，matters。惟当你的理解matters，我才向你说理，才"运用理性"。理性首先是一种态度，诞生于互相理解的努力之际。[①]

[①] 在这点上，理性与爱是同构的——我爱，其中已经包含着得到爱的愿望，而"我爱你，与你何干"（歌德语）这话听上去有点儿傲慢，虽然这话能做多种不同的理解。理性不是情感的奴隶，理性是爱的一种形式，理性之爱，智慧之爱；philosophia远远不止于爱智慧，那更是充实以智慧的爱。惟当我们仅仅把理性当成技术理性，理性才是奴隶。当然，奴隶也能施行统治，这是另一个话题了。

单从劝求效果着眼，说理并没有什么优势，但在劝求的种种方式中，惟说理最真切地体现出理性存在者的本质。从态度上说，说理体现着互相理解的愿望，从内容上说，说理也不同于其他的劝求方式。其他的劝求方式终结于有效或者无效，惟科学求真的说理，由此及彼，由浅入深，逐渐形成系统论理。说理一端系于日常的劝求，一端延伸向穷理，从而发展出种种学理系统。上文说说理是一种独特的劝求方式，其意在此。

单从劝求效果着眼，伦理学也许如波斯纳所断言"毫无用处"，但在我看来，普通说理已然不尽在于求效，伦理学作为系统说理更非如此。即使说理一开始起于劝求的目的，伦理学却如蔡元培所称，转向"以研究学理为的"。伦理学的主旨在于穷理求真——像物理学为认知物理世界而认知一样，伦理学—政治学为理解人类活动而认知。所以蔡元培可以说，伦理学虽起于喜怒利害，却终于"于一时之利害，多数人之向背，皆不必顾"。明了于此，我们就大可不必因伦理学未见得能教人为善而否认伦理学的存在理由，如果我们像亚里士多德那样认为物理学类型的认知本身即是一种至高的善好，那么同样，努力理解人类实践的认知也是一种至高的善好。

当然，如本章前面所论并在以后各章尤其第三章将进一步申论，在其他方面，伦理学与物理学有种种不同之处。伦理学所求之真，不是充分客体化的真，伦理学之求真毋宁在于探求实然与应然和合的源头。因此，伦理学对实然的探求隐隐约约总含有效化在内，伦理学讨论所引的理据，与物理学理据相比，不可避免与喜怒利害、多数人之向背等等有着剪不断的联系。从而，伦理学虽为系统论理，却与实际伦理生活息息相关。系统论理不仅无助于采纳坚定的立场，甚至可能有害，但它很可能增强特定立场的合理性。这并非无关紧要之点——我们并非只需要坚定和敏捷来把事情做成，我们还希望过上合情合理的生活。伦理学在这里可以提供助益：虽然人们依据一般道德感做出道德判断，但他不一定明确知道自己依据的是何种道理，所谓"我乃行之，反而求之，不得吾心"，而有时他却要知道这种道理，要讲清楚这种道理，例如他可能需要为自己辩护，也可能需要说服别人。这时候，由于不会说理，他可能在概括的层面上弄错，例如，人们经常会引用"人都是自私的"这一类的说法，其实这并不是他通过观察得出的结论，他本人也可能恰恰是个挺无私的人。

　　伦理学，或伦理领域中的穷理，有什么用？"伦理学教人为善"之类的回答未免过于急切地看待伦理学的"用处"。穷理是文字时代/理性时代的一般需求，往往，与其问"伦理学有什么用"，不如问"穷理是怎么来的"。理性时代人凡事要明个道理，德性重要，我们就想弄清楚德性之理。勇敢本来是天生的美德，但到孔子、孟子那里，到苏格拉底、柏拉图、亚里士多德那里，把勇敢与知联系到一起却是自然而然之事——勇不同于鲁莽灭裂，因为勇连结于知畏知怕。若我们坚持用"有什么用"来追问伦理学，那我会说：理知是文字时代人领会世界及自我领会的一个有机部分，而种种德性必伸入理知，从而形成"理性人"的新型人格。

第二章 功效主义与自私的基因

§1 功效主义简介

反思伦理生活，不妨从功效主义开始。伯纳德·威廉斯说它是"现有伦理理论中最富雄心的"，[1] 罗尔斯声称"在现代道德哲学的许多理论中，占优势的一直是某种形式的功效主义"，[2] 金里卡（Will Kymlicka）甚至认为它是"唯一自成体系的道德哲学"。[3] 我也许可以加上说，在伦理维度上反思生活，通常会先来到功效主义类型的见解。功效主义的大本营是英国，其理论资源来自休谟、亚当·斯密等重要哲学家。功效主义理论的创建人是边沁，此后在约翰·密尔、西季威克等人那里发展成熟。二十世纪的主要代表人物有黑尔等人。

功效主义是 utilitarianism 的译名，最常见的汉译是功利主义。Utility，用汉语表达，意思是功效、功用、利益、用处、利用。利这个词，在汉语论理中颇多贬义。君子喻于义，小人喻于利，孟子教导梁惠王说，"王何必曰利，亦有仁义而已矣"。功利主义这个中文词平常用时也是贬义的：自私自利，不择手段唯利是图，不讲原则只从功效方面考虑问题。但这不

---

[1] Bernard Williams, *Ethics and the Limits of Philosophy*, Routledge, 2006, p.92.
[2] 约翰·罗尔斯，《正义论》，何怀宏等译，中国社会科学出版社，1988年，序言1页。罗尔斯写《正义论》，主要意图即在于用康德类型的社会契约理论来取代对正义概念的"占支配地位的"功效主义解释（同上书，序言2页），然而，却有论者认为，罗尔斯自己的理论仍然是功效主义的："罗尔斯可能不是一位功利主义者，但是《正义论》的理论则是功利主义的。"纳维森（Jan Narveson），《罗尔斯与功利主义》，载于《世界哲学》2011年第1期。
[3] 威尔·金里卡，《当代政治哲学》，刘莘译，上海三联书店，2004年，20页。

是utilitarianism的主张，英文utility一词本来不含贬义，偏于中性的效用，utilitarianism更不是鼓吹自私自利。为了不把utilitarianism这个词错当成自私自利主义，我像另一些论者一样，不把它译成"功利主义"而采用"功效主义"这个译名。

功效主义理论是后果论的，什么行为是善好的，要看这个行为带来什么后果。在这一点上，它与道义论相反。道义论注重行为所依的原则和行动者的动机——只要我用心良善，只要我按道德律令做事，我就是道德的，我的行为产生什么后果，相对来说不那么重要，甚至全无所谓。例如，康德主张，不得说谎是一条不易的道德准则，即使我不骗过歹徒会伤及无辜，我也不可说谎。

作为两种相异乃至相反的理论，功效论和道义论各有得失，而在实际生活中，从功效出发和从道义出发则更多是两种不同的态度。从功效出发，多是冷静的，但易失于计较；从道义出发，则多带强烈的感情。如道德义愤，我们也许应当把道德义愤视作一种重要的积极的"道德感情"，但不幸的是，在实际生活中，它多半不像自以为的那样充满道义，更多倒是把自己认可的无论什么东西上升到道义的高度，发展为狂热。十字军、红卫兵、原教旨，都是如此。原本起于正义的事业，如保钓、环保，也常有此倾向。

后果论有突出的好处，例如面对同性恋问题，我们要问：同性恋对谁造成了伤害？如果它并不给他人和社会带来伤害，似乎就没什么道理把它视作不道德的。[①] 但我们似乎也不能单

[①] 如果你仍然觉得同性恋不好，那么这更多是个审美判断而不是个道德判断。

从后果来评价行为，例如，我做一件事，动机良善，但由于种种原因，包括我能力不足，结果把事情做糟了，我也许会受到批评，却似乎不应受到道德谴责。但出于理论所要求的彻底性，后果论往往要达到惟后果论才肯罢休。

单说功效，还不能成为一种主义，因为先得有个目的，才能确定什么手段有功效什么手段没功效。你要从魏国到楚国去，北向而行，你马快、费用足、御者能干，结果反倒离开目的地更远。功效主义并非不谈目的单谈手段，只是它所设想的人生目的是个老生常谈：人皆避祸求福，或每个人都追求自己的利益。"利益"可以各种各样，功效主义通常把它界定为happiness，汉语译成快乐或幸福。快乐和幸福不是同义词，后面"良好生活"章会讨论这两个概念及其区别，眼下且不加区分地使用这两个词。

每个人都在追求自己的利益，这差不多就是说，人是自私的。这种人性论古往今来所在多有，中国有杨朱称"拔一毛而利天下不为也"，荀子说"夫好利而欲得者，此人之情性也"，据司马迁观察，"天下熙熙皆为利来，天下攘攘皆为利往"。近代西方哲学家有不少持这种人性观，如爱尔维修的唯物主义、霍布斯的政治学说。人皆自私论仿佛还持有现代科学的认证书，经济学的理性人假设为这种观念背书，生物学是比经济学更硬的科学，为自私论提供了更硬的支持。本节开头说到功效主义理论的重要性，这可以从很多方面来看，而一个最重要的方面在于，功效主义所基于的人性论是当代多种理论的核心原理，而且，当代最为广布的自由主义政治理论也缘起于功效主义。其实何止各式各样的理论，"上帝死了"之后，即使没读过任何理论的普通人，一旦就伦理—社会现象开发宏论，多半也会从"人都追求自己的利益"之类的说法起论。

不过，功效主义理论并不停留在这个起点上，依这种理论，最重要的不是这一个人或那一个人的幸福，而是人类幸福总量。功效何如，要以是否促进最大多数人的最大幸福来衡量，为此，一个人很可能要放弃点儿自己的幸福。这么一来，这种理论不是主张人应当自私自利，反倒是主张利他。这一理论的创始人边沁就是个著名的改革家，推动了多项社会改革，尤其注重改善穷苦人的生存环境。如 Homer A. Jack 所言，如果能用一个特点来概括功效主义者，那就是"对社会公正的深切关怀"。①

---

① Homer A. Jack, "Action for Social Betterment", in Harry B. Scholefield ed., *A Pocket Guide to Unitarianism*, The Beacon Press, 1954, p. 21.

§2 幸福计算

功效主义是传知最广的道德理论，同时也吸引来各式各样对它的批判性考察，指出它包含的种种疑点。[①]

对功效主义的一项常见的批评，是它过分偏重于总体，忽视了个人权利。按照最大幸福原则，似乎谁获得幸福并不重要，但凡人类的总体幸福有所增加，不妨牺牲少数人的幸福，只要减少之量低于增加之量就行。边沁的确有过这样的表述。这可是个很危险的方向。根据边际功利递减的法则，剥夺并瓜分少数富人的财产给我们穷人带来的幸福总量通常会大于给富人造成的痛苦总量，但是否就可以这样做？人类整体获得最大幸福初听像是一个美好的结局，但若不顾个体合法权益，个人幸福成了幸福总量中的一个数字，结局会相当悲惨。我们的确关心社会的总福利，但同时也必须关心是哪些人获得了这些福利，以及他们怎么获得这些福利。除了最大幸福之外，至少还必须引进权利、合理性、合法性等等。

而且，快乐、幸福、痛苦这些东西真能量化并得到测量

[①] 到处可以找到对功效主义的相当精详的批判性考察，同时，功效主义发展出种种精致版本，对相关批评做出未尽相同的回应。有兴趣了解更多的读者可先读读《功利主义：赞成与反对》（J. J. C. 斯马特、伯纳德·威廉斯著，牟斌译，中国社会科学出版社，1992 年）。金里卡的《当代政治哲学》（刘莘译，上海三联书店，2004 年）第二章提供了更简明扼要的批判性考察。更通俗的讲解批评可见桑德尔的《公正》（朱慧玲译，中信出版社，2012 年）第二章，其后各章也有相当多的内容与此有关。本书不打算摘要这些考察，书中提到对功效主义常见的一些批评，是为了发展另一些论题，例如功效主义与社会生物学的联系以及这背后的伦理学—科学旨趣的差异。

吗？边沁那时候，自然科学突飞猛进，很多人希望把包括伦理学在内的所有学问都做成严格科学。严格科学难免要求把它的各种内容尽量量化，以便互相折算。然而，虽然我们平常也说张三比李四更幸福，中国人比美国人幸福，中国人民最幸福，但这些都是泛泛一说，认真测量还怪难的。

快乐等等不易测量，首先在于快乐不是同质的。守着书桌，年复一年求证费马大定理，这是你的快乐；跃马沙场，建功立业，这是我的快乐。一开始，边沁主张快乐都能折算，后来，约翰·密尔承认快乐有质的区别。不同质的东西怎么折算？

快乐等等不同质，联系于这样一个事实：我们很难完全脱离当事人的感受来谈论快乐幸福之类。我并不同意幸福只是"主观感受"，但任何"幸福指数表"恐怕都得包括"幸福感"这一类感受在内，而幸福感既离不开个性差异也离不开文化差异。有的人群觉得平安是福，有的人群觉得冒险刺激才快乐。你当了官，天天鲍鱼果子狸，前呼后拥一帮随从，因此幸福得大发，这种日子，我觉得不啻受罪，每天起身在早市上转转，拣两样新鲜蔬菜烧个午饭，饭后眯一小觉，我觉得幸福无比。我们年轻时候，听说美国人台湾人生活在水深火热之中，觉得自己幸福得要命，据说，朝鲜人民今天仍沉浸在类似的幸福感之中。

幸福计算还有其他种种困难，例如，如果一个人的幸福建立在另一个人的痛苦之上，计算时该怎么加减？——虐杀者和强奸者由他们的恶行获得快乐，这些快乐也要计算在快乐总量里吗？

§3 经济学帝国主义

量化是科学的要件，例如，经济学要把自己做成一门科学，就必须在量化方向上做出努力。这种努力一开始就要界定利益，把一切利益都界定为或折算为经济利益。

经济学家计算经济利益，不是靠坐在摇椅上遐想，他借用一样现成的东西来：市场。一样东西值多少，不由经济学家定价，而是由市场定价。经济学家通过市场提供的数据来确定一样东西的价格。查一查交通事故致死、医疗事故致死的案例中保险公司要赔多少钱，甚至可以确定"生命的价格"。人命当然不是保险公司收支簿上的数字，只不过，这些数字之外的东西，亲人死去你心中持久而沉默的伤痛等等，不在经济学研究范围之内。最早翻译亚当·斯密的严复就曾指出："其所言之计（经济）也，固将非计不言，亦非曰人道止于为计，乃已足也。"[①] 经济学非经济不言并没什么错，错在经济学帝国主义。把社会生活简化为经济利益的交易，这不是经济学的结论，而是它的工作假设。我们可以从交易角度来讨论婚姻、友谊，而且能由此得到不少有意思的结论。我甚至要说，你如果完全不知道可以从交易来看待多种多样的社会关系，那你是无可救药的天真。只是我们要记取，采用这个角度来看待生活，最重要的东西，最有意义的东西，灵光闪现的东西，都落到了眼帘之

[①] 季羡林主编，《传世藏书·别集15·严复文集》，海南国际新闻出版中心，1996年，46页。Economics，日本人译作经济学，严复以为经济的意思太宽，因此他当时译作计学。

外。朋友间的互助不是利益加上面纱，赤裸裸地追求利益也不是剥去面纱露出利益，利益本来是在那里的，赤裸裸地追求利益是把利益同其他活动剥离开来，使利益，也使其他活动，变得抽象了。经济利益只能支撑经济学，支撑不住伦理学，因为是生存定义利益而不是利益定义生存。

经济学若没有这自知之明，认真断言婚姻和友谊的本质就是交易，认真把人命当成了保险公司收支簿上的数字，那就是经济学帝国主义了——它倚仗其强势掩盖了其工作假设的假设性质。即使在单单研究经济现象时，经济学帝国主义也可能造成危害，突出的一例是，若把社会生活整体简化为经济利益的交易，就掩盖了权力的作用。

§4 利益最大化

经济学对流行观念的最大影响，非"理性人假设"莫属。按照这个假设，人是追求自身利益最大化的"理性人"。经济学是当今显学，把这一观念传播到妇孺皆知。

我们该怎么界定利益这个概念呢？快乐和幸福甚难定义，定义利益也非易事。英语常用来表示利益的有 interest, benefit 等等，其含义都比利益要宽。例如，interest 既可翻译成利益，又可以翻译成兴趣或兴趣所在。就汉语来想，利益和兴趣这两者有时得分疏有时又合一。最狭义的利益大概是直接经济利益，这样界定，利益就不包括名。有人重名，有人重利，可名利名利，名还排在利益前面。即使有些名人利欲熏心，为了利益不惜自毁名声，但也有人，你给他多大利益他都不肯毁了自己的名声。较宽一点儿界定，则名声也是一个人的利益所在。更加宽泛说来，兴趣也是一种利益。我不计较绘画市场上的标价一心依自己的兴趣画画，这时兴趣和利益两分，但你妨碍我画画即是损害我的利益。女儿对于父亲，远不止是利益也远不止于兴趣，但伤害女儿当然是损害父亲的利益。

综上所述，首先，利益有一层层的狭义广义之分。其次，从求取方面着眼，我们通常在狭义上使用利益，把它与名声、兴趣等等区分开来，兴趣驱动和利益驱动是两回事；而从受损的方面着眼，兴趣、爱和情义受损也是利益受损。

利益在生活中当然极端重要，无视利益，仁义而已矣，情感而已矣，我们就掉进了虚花花的浪漫主义。但另一方面，人虽然不是纯粹高尚理性的动物,却也不是"理性人"类型的理性动物。边锋临门一脚踢进了球门,在记分板上增添了一分,但进球当然不只是得了一分,球员和球迷欣喜若狂,奔腾欢叫。我们的行事不仅带来利益,同时也带来各种感情,欢喜、满足、沮丧,这原不必多说。前现代时期,人们安土重迁,对大多数人来说,迁徙到另一个地区即使明摆着能挣取更多,他们还是宁愿留在家乡。即使在经济领域,人们也不一定要求得利益最大化,即使我明知开手机店更挣钱,我可能还是去开了个书店。除了经济收益,我还有好多要考虑的:我自己的兴趣,我的人生规划,我交往的圈子,以及其他。但为了理论的一致性,好吧,我们把一切都叫做利益:安土重迁也是利益,满足自己开书店的愿望也是利益,进球的狂喜也是利益。

利益、兴趣、情义,它们为我们看待生活提供了不同的视角。说到利益,我们更多从可比较、可思虑、可计算的角度来看待事物。也许论理的时候,我们临时需要一个超级概括名称,于是把兴趣和情义也临时归到利益名下。但理论爱好者若从这里走上理论建构之路,把随兴哼个小曲也视作利益,把父慈子孝也视作利益,从而得出人生无非是利益最大化的结论,那必是很无聊的理论。功效主义引进中国之初,道德家们担心,功效主义言必称功利,因此会败坏人心,诱导人们不择手段唯利是图。观念的确可以影响行为,把功效主义误解为自私自利有理,于是,一味逐利而心安理得,人们可能更加起劲地一味逐利。但具体到利益最大化这类理论是否产生这种作用,就像暴力电影是否诱发更多的暴力犯罪,须实证才能确定。但我至少认为,利益最大化这种流行观念会降低人们对现实的理解力，人们一旦对这种理论信以为真，现实在他们那里就变得抽象了、单薄了。

§5 利己即利他？

功效主义的人性论预设是：每个人都追求自己的利益；它的结论是：最好的行为是实现最大多数人的最大幸福的行为。从这个预设似乎很难得到这个结论。边沁大致提供了两种回答。一种回答是，个人之所以会考虑别人，服从社会，是因为不服从就会得到痛苦，例如舆论的谴责乃至法律的惩罚，因此遭受痛苦，这份痛苦和所获的利益两相加减下来，还是以正当的手段获利比较合算。另一种回答是，利己与有利于人类整体这两者实际上是一致的。

我们先来看看边沁的第一种解答。的确，人们常常因为"违法的代价太高"而不去违法，不过，我猜测，也常会有这样的机会——算下来的结果是违法获利还蛮合算的，尤其，若我们能把违法技巧提升到一个高新水平。近年来，虽然也法办了不少贪官污吏、黑心商人，造假、贪贿却一浪高过一浪，造假贪贿的手段也不断翻新，看来在印证这个猜测。立法者固然可以在这里那里提高"违法的代价"，但不大可能通过这个途径杜绝违法，何况，处处提高违法的代价只会造出一部苛法，殊非我们本来所愿。这咱们还不说立法者执法者自己最容易变成为自家谋利的大户。

那么，第二种解答呢？国人引进功效主义之初，是连着这两个解答一起引进的，而第二种解答尤得人心。周作人有一篇题为《人的文学》的文章，现代中国文学史都会提到，文中主张一种"个人主义的人间本位主义"，这种主义要营造的是

"一种利己而又利他，利他即是利己的生活"。利己怎么一来就利他了呢？"第一，人在人类中，正如森林中的一株树木。森林盛了，各树也都茂盛。但要森林盛，却仍非靠各树各自茂盛不可。第二，个人爱人类，就只为人类中有了我，与我相关的缘故。墨子说，'爱人不外己，己在所爱之中'，便是最透彻的话。"依此，我们最后就能来到"家人类"的理想生活，"实行起来，实于世上的人无一不利"。这听上去很美，不过只能听一听开心，不能去多想。是的，独木不成林，不过，一棵树壮大，往往让周边多少竞争者枯萎死掉。从人类中有我，只能演绎出爱人类不一定不爱自己，并不能演绎出爱己不外人。

陈独秀同样认为自利主义不能只限于个人，而应当"扩而充之"，直扩充到"国家自利，社会自利，人类自利"。[①] 张东荪所取的也是同一条思路："各个人不过以其自身之理想为目标而已。而此各人之理想即有全体目的相应者。"全体目的怎么来相应各人之理想呢？黑格尔的"理性的狡计"是一种机制，但张东荪没往这个方向想。他用同情心为例来说明自己的意思。"同情之情感无异于自我之情感之扩大……自知自己意志与社会意志相合，于是自觉幸福。此种幸福之情感暗中与全体幸福相一致……情感之为自利与利他又同出一源，逐渐知全体之利即为自己之利。"[②] 这种"扩大化"的思路恐怕过于简单了，让我们为难的，总是自己的意志往往与"社会意义"不合，对全体有利的事往往对自己无利，这些是硬邦邦的事实，

[①] 陈独秀，《道德之概念及其学说派别》，转引自沈善洪、王凤贤，《中国伦理思想史（下）》，人民出版社，2005年，535—536页。
[②] 两段引文均出自张东荪，《道德哲学》，上海中华书局，1930年，550页、552页。

无论暗中还是明中怎样感觉,并不能加以改变。自利与公益当然也有重合的时候,你生性抠门,什么都省着用,这有利于环保。不过,我们不愿用这类例子来解释自利与公益的联系,因为抠门人在花费自己所有时抠门,在使用共有物品时却可能大手大脚。

从个人的自利恐怕很难"开出"为全人类谋福利的愿望。其实,达尔文早就指出这里有一个逻辑上的扭曲:个人的自利是行为的动机,而最大幸福原则"与其说是行为的动机,毋宁说是行为的标准更为正确"。[①] 功效主义的逻辑并不是要从自利动机演绎出利他动机,而是要从那里演绎出利他的"客观效果",既然功效主义是后果论的,这种利他效果就为行为提供了达尔文所说的道德标准。自利动机怎样演绎得出利他效果?最流行的解说是"看不见的手"。

[①] 达尔文,《人类的由来》,潘光旦、胡寿文译,商务印书馆,1997 年,181 页。至于怎么把后果论与动机结合在一起并构造出一种"动机功效主义",可参见亚当斯(Robert Merrihew Adams),《动机功利主义》,载于《世界哲学》,2011 年第 1 期。

§6 看不见的手

今天人人都知道亚当·斯密那双"看不见的手":面包师傅贪黑起早,为客人烤出香喷喷的面包,并非出于对早行顾客的关爱之心,而是出于利己之心,但同时,顾客也因此受益,吃上了热腾腾的早点。这双"看不见的手"似乎为利己动机怎样导致利他效果提供了简洁巧妙的解释。

亚当·斯密讲出了一个简单而又根本的道理。正因为这道理根本,我们得格外小心,不要以为它真的把什么都说完了,以致看不见事情还包含着别的一点什么。在斯密的叙事中,面包师傅是个诚实勤奋的劳动者,尽管他贪黑起早不是或不完全是因为他人能够受益,但他所做的是件有益他人的事情,而且他知道这一点。这绝不是无关紧要的补充,没有这种感知,他这个人,他的生活就会完全是另一个样子,他所做的事情也会是另一个样子——他若是个黑心师傅,自利的动机就可能驱使他使用有害却难以觉察的添加剂来吸引顾客。单说"看不见的手"未免过于简洁,从苏丹红到三聚氰胺,从违纪提拔自家的儿孙到数以亿计的贪贿,都让我们难免怀疑自私自利的动机是否都能通过"看不见的手"为他人为社会带来善果。实际上,"看不见的手"在《国富论》里只出现过一次,还有权威研究者认为斯密只是用这话开个反讽的玩笑。我们也知道,斯密不只写过《国富论》,还写过《道德情操论》,这部著作开篇就说:"无论我们认为人多么自私,人的本性中显然有一些原则,使他关心别人的运道,把别人的福乐视作自己的一部分,虽然除了因看到这些而快乐,他从中一无所得。"[①] 看来,仅仅有只看不见的手还不够,人的本性中还得另有一些原则。不过,在现实里,并不少见自私到毫不关心别人幸福的那种人,斯密所言,恐怕有点儿以君子之心度小人之腹。在理论层面上,若必须引入人性中的善意原则,就不必再坚持是自私自利的动机为社会带来善果。

[①] 亚当·斯密,《道德情操论》,蒋自强等译,商务印书馆,1998年,5页。

§7 "自私的基因"

前面提到，人皆追求自己的利益这一功效主义原理也是经济学、社会生物学等科学的基本预设。关于经济学中的理性人追求"利益最大化"，我们已经说了一点儿。与此相似，新达尔文主义声称生物所"追求"的是最大化其基因复制。生物学家理查德·道金斯写了一本著名的科普书，题目叫做 The Selfish Gene，《自私的基因》，大意是说，自然选择的单位是基因，生物个体，包括我们自己，都只是基因复制自身的"生存机器"，而基因则是这台机器的"发动机"。从长时段的自然选择的角度看，只有那些善于保护自己和复制自己的基因留存下来，也就是说，只有那些"自私的"基因留存下来，"成功的基因的一个最突出的特性就是它的无情的自私"。[1] 生物个体作为基因的载体，体现的只能是基因的特性，"凡是经过自然选择进化而产生的任何东西都会是自私的"，我们人类既然也是长时段自然选择的结果，理所当然，"我们的本性生来就是自私的"。（3—4页）

政治学、伦理学、经济学、生物学，各方各面的支持造就了人性自私论的强势。而在当代中国，自私论的泛滥还有社会缘由。本来，自私自利，私和利这两个字，在中国思想传统中，都不是什么好东西。中国是个君子国，君子喻于义，都是

---

[1] 理查德·道金斯，《自私的基因》，卢允中等译，吉林人民出版社，1998年，3页。本节所引道金斯皆出自此书，不再另立脚注，只随文标出页码。

重义不重利的。到了新中国，自私更成为万恶之源，资产阶级最自私，小资产阶级比较自私，共产党大公无私，吃喝住用都由公家提供。到新新中国，中国人更加进步，不仅行为不可自私，自私的念头也要不得，为了尽快实现天下为公的共产主义世界，全民"狠斗私字一闪念"。谁知，三十年河东三十年河西，到了最新中国，观念大逆转，自私不仅从首恶的席位上退了下来，而且报章杂志上的评论似乎都把"人皆自私"当作众所周知的公理。我们普通人，不管在实际生活中是怎样感知怎样思考的，一旦发言论理，也言必称人人都追求自身利益的最大化。仿佛言私言利的欲望压抑了两三千年，突然爆炸开来。

不过，街上人说"人都是自私的嘛"不一定意味着街上人当真都持人性自私论，那也许是一声感叹，感叹自私是人身上固有的一部分，无论怎样克服压制掩藏，总难割除。实际上，我们固然听得到"嗐，谁不为自己着想"却也会听到"人心都是肉长的"。

自私自利的事例，当然举不胜举。然而，生活中也颇不乏善良和友爱，更有人急公好义，甚至有人杀身成仁。这些该怎么用自私论来解释呢？实际上，自私论理论家把他们的大一半努力用来解释怎么会出现利他行为。道金斯申明，《自私的基因》这本书的根本目的就是探讨"自私与利他的生物学本质"（2页），解释为什么尽管成功的基因都是自私的，而我们却会看到"有些基因为了更有效地达到其自私的目的，在某些特殊情况下也会滋生出一种有限的利他主义"。（3页）

利他只是表面现象，隐藏在这些表面现象之下的深层动机实际上是自私，就像表面上看起来太阳环绕地球旋转，实际上是地球在环绕太阳旋转。前面讨论过"看不见的手",其理路就在说明自利动机怎么一来就产生利他这类表面现象。扩展开来,这就是互惠的利己主义:与人方便,自己方便,按西洋人的粗俗说法,就是 you scratch my back and I scratch yours。达尔文一向思考周全,这位进化论的创始人早就想到演化论会带来怎样解释利他行为的难题并尝试"完全从自然史的角度"加以解决:虽然人像其他生物个体一样从自利开始,然而,"当部落成员的推理能力和料事能力逐渐有所增进之际,每一个人都会认识到,如果他帮助别人,他一般也会得到别人的帮助。从这样一个不太崇高的动机出发,他有可能养成帮助旁人的习惯"。[1] 达尔文虽然尝试这条思路,但他对这个回答并不满意。后世的生物学家没有超出这条思路,例如,乔治·威廉斯(George Williams)认为:"一个能使他的朋友最大化和使他的敌人最小化的个体将有着进化上的优势,……我认为这种进化上的因素已经强化了人类的利他主义和同情心,同时在伦理学上淡化了对于性以及侵略本能的接受。"[2] 沿着类似的思路,博弈论通过计算证明,在重复发生的囚徒困境中,博弈双方采用某种合作策略即以德报德以怨报怨的策略,与一味欺骗、背叛相比,对自己更加有利。从前很被批判过一阵的"吃小亏占大便宜"论也属此类。

血亲之间的利他行为难不倒自私基因说。狼爸狼妈如果只知道保护自己而不知道保护自己的后代,后代的存活概率就会

---

[1] 达尔文,《人类的由来》,潘光旦、胡寿文译,商务印书馆,1997年,202页。
[2] 乔治·威廉斯,《适应与自然选择》,陈蓉霞译,上海科学技术出版社,2001年,75页。

低于它们的同类，它们身体里的基因流传下去的概率就会较低；如果它们那些喝狼奶长大的子女继承了只知道保护自己不知道保护后代的基因，这个血统就会逐渐被自然选择淘汰掉。因此，我们见得到的动物，不仅具有保护自己的本能，也具有保护其后代的本能。实际上，从基因复制的角度看，在自己的生育力降低之后，保护后代比保护自己更加重要。于是，"神圣的母爱"就获得了科学解释。以同样的方式，社会生物学可以解释我们为什么常会热心帮助亲戚，它甚至能够根据亲缘关联度计算出我们的热心会是几分，据传说，人口遗传学宗师霍尔丹曾说，他会为了救两个亲兄弟或八个叔伯兄弟罔顾自己的安危。①

互惠的利己论能够解释大量的互助活动。而且，把互惠利己说倒转过来，同时就解释了报复——"以德报德以怨报怨"。其实，即使不了解高深的理论，谁都知道，我们有时候的确是为了自己得到好处或有可能得到好处才帮助别人。谁都知道，舍利求名有时是一种"间接互惠"。谁都知道，血浓于水，家长"护犊子"仍可以归在自利范畴之下。

总之，依互惠利己说，我们平常所说的道德，我们平常具有的道德，其实根源于我们的自私。这一思路不涉及像孟子那样的恻隐之心或亚当·斯密那样的同情心，这对建构理论来说是个优点——利己之心本身能产生利他的后果，不需要另设一

---

① 由于受益的亲缘个体之间可能发生竞争等原因，我们不可能对内含适应性（亲缘选择）进行实际计算，而且，其实就连昆虫也很难识别亲缘关联度，因此，亲缘选择机制的作用并不是那么大。参见马丁·诺瓦克、罗杰·海菲尔德，《超级合作者》，龙志勇、魏薇译，浙江人民出版社，2013年，第五章。

个平行的原则，而凡是设定一双对称平行原则的理论其实都没有真正的解释力。

然而，仁爱似乎并不尽于互惠的利己，还有一类"纯粹的利他行为"：默不作声的奉献，在发生海难时让别人上救生艇而自己留在行将沉没的船上，总之，那些怎么看都看不出对自己或自己的后代有好处的利他行为。神圣的母爱不都是护犊子，也曾有母亲支持儿女舍身就义。我再举个有争议的例子——一个巴勒斯坦青年身上绑了炸药去施行自杀性袭击。你可以认为这种行为错误、愚蠢、罪恶，但要把它解释成自私可不容易。基因理论帮不上什么忙，这个青年没留下也不会再留下任何基因。博弈论也用不到这里——他从此再没有重复博弈的机会了。"养成了帮助他人的习惯"这样的解释在这里也显得过于软弱。达尔文对自己的这一思路不满意，这是有道理的：这位部落成员凭什么认为他帮了别人会得到别人帮助？凭以往的经验？但在尚无这种经验之前，第一次利他行为从何而来？"即使一个人人无私的部落能胜过一个人人自私的部落，但难以看到一个部落一开始是如何达到人人无私的境界的。"① 如果没有一开始的利他行为，威廉斯所说的"强化了利他主义"也就落了空——你得先有点什么，才谈得上强化。我们尤难想象，在平日琐琐碎碎的事情上，大自然教给我们依自私的原则行事，凡事斤斤计较，而在生死存亡的根本大事上，自然却变得糊涂起来，听任我们依恻隐之心之类的"坏习惯"去舍

---

① 罗伯特·赖特，《道德的动物》，陈蓉霞、曾凡林译，上海科学技术出版社，2002年，171页。

己救人。引进宗教信仰也面临同样的困难，因为我们本来就是要问，如果人本性自利，而不是利真主，那么为真主献身的宗教感情是怎么产生的呢？

恻隐之心、仁爱之心、宗教信仰，这些在什么意义上可以被视作派生的东西而不是原始现象？

好吧，让我们设想社会生物学成功地发现了某种机制，可以解释自利如何导致所有这些，亦即，表明恻隐之心、仁爱、友爱都对我们自己更加有利，但这样一来，我们又需要反过来解释为什么存在着那么多邪恶和"过度的自私"。上面说，把互惠倒转过来可以解释报复，现在，困难则在于解释过度报复，那种同归于尽类型的报复——报复者自己再也得不到任何好处。被基因调教好的人应当自私得恰到好处，他怎么会过度自私？弗洛伊德以及一些功效主义者把过度自私视作急功近利，即不能为长远利益克服近期利益，然而，人怎么会发展出不顾长远自私的动机、感情等等呢？再说，我们要跟着凯恩斯问：长远有多远？

道金斯与其他社会生物学家从基因自私、人类个体自私出发，难免认为需要费力解释的是人类的利他行为，其实，"自私的基因"需要费心解释的，何止无私、友爱、慈善？别忘了，人类还有那么多"不必要"的贪婪、邪恶、残暴。一群非洲狮撕扯斑马的场面也许有点儿血腥，但也只是"有点儿"而已——镜头中，别的斑马在几步外悠然吃草，它们知道狮子只是要饱餐一顿，并无残暴滥杀的本性。人就不同了，系着红臂章的年轻人在车站广场把一批一批的"坏人"暴打至死，远远近近的路人各个胆战心惊，哪怕他们知道自己对满足这些年轻人的自利毫不相干。间斑寇蛛织网捕虫也许体现了一段机心，但没有哪只蜘蛛曾织下天罗地网，把成千上万敢说句真话的读书人尽收网中，让一整个民族从此断绝了独立思考和真率。生物学该怎么解释人对他人的羞辱？哪种动物会羞辱同类？人的仁慈大度很难用自私来解释，人的贪婪、残暴、阴险又何尝能用自私解释清楚？

　　社会生物学连同博弈论把眼光集中在自私与合作或利他上，有其道理，这道理同时也是其局限。我们在伦理生活中所关心的，当然远不止于自私与合作。人性中有很多比自私自利严重得多的缺陷，比如人的贪婪、阴险，比如专制者的残暴。很多邪恶并不来自利己的动机，事实上也并无利己之效。没听谁说列宁、希特勒自私自利。跟残暴狠毒大奸大恶比，自私不过是些小奸小恶，琐琐碎碎抠抠缩缩怪烦人的。反过来，合作也不是唯一的善好，有时它根本不是善好，"实际上，人们相互之间最残忍的、最不人道的对立行为，都是标榜为深度'合作的'那些人干的"。①

---

① 尤查·本科勒，《企鹅与怪兽》，简学译，浙江人民出版社，2013年，55页。

§8 自利与自私

要解开上述疑团，我们首先得澄清一下自私自利这个用语。我们不做理论的时候，什么时候会说谁谁自私自利？只图个人利益，为此不惜损人；据传舞蹈家邓肯曾这样说：一个自私自利的人并不在于他寻求自己的利益，而在于他惯常不顾他人的利益。用贺麟的话来概括："只有'利己无损与人'才是利己主义者的主张"，"损人利己……无法成为伦理上的主义。"[1] 社会生物学所说的"自利"是什么呢？它包括人走到悬崖边上就知道退步，掉到水里就会挣扎着爬起来。进到社会关系里，卖东西的想多卖俩钱，买东西的想少花俩钱。这些动机和行为跟自私自利全不搭边。

生物学、经济学、博弈论，这些都是科学或准科学。我们都知道，科学是道德中立的。道金斯是位专业生物学家，他的科普写作更堪称一流，不过，"自私的基因"这个书名，怎么说呢？有点儿哗众，至少未能严守科学的严谨。自私这个词有浓厚的道德含义，无论如何加不到基因头上。即使写科普求通俗，充其量通俗到"自利的基因"也罢了。"自私的基因"以及类似的概念，不仅误导读者，我恐怕也误导了论者。

为论理方便，最多把它们称作自利——自利比自私少一点儿道德评价的意味。这多多少少是因为我们平常不大单说自

---

[1] 贺麟，《杨墨的新评价》，载于《贺麟新儒学论著辑要》，宋志明编，中国广播电视出版社，1995年，368—369页。

利,自利听起来就有点儿论理意味。即使如此,我们不仅须留意把这里的自利与"自私自利"那层意思区别开来,也须留意我们平常并不把饿了吃、冷了穿、汽车迎面驰来跳开躲闪、掉到水里挣扎着爬起来叫做自利。毁了生活的,不是这种"自利",相反,倒是不知"自利"。一位少女狂热地爱上一个不靠谱的男人,一个男人拼出性命去复仇,这时我们要劝他们的,正是希望他们多考虑考虑自己的利益。

这种"自利"不仅谈不上自私,而且是我们理解其他一切行为——无论是自私行为还是无私行为——的基础。或用贺麟的话说,"真正说来,功利是实现理想、道德所必不可少的条件"。① 如果人走到悬崖边上也不知止步,掉到河里就任水淹死,我们就想象不出生活会是什么样子了——不管美好生活还是恶劣生活。据说,君子国里的居民卖东西一心要卖得便宜买东西时总想多出点儿钱;不存在那样的君子国,这倒不在于那里的居民太高尚了,我们可望而不可即,而在于我们,或任何人,都不会明白君子国菜场里的居民在干什么。只有基于饿了吃我们才能理解不受嗟来之食,只有基于冷了穿才能理解母亲把围巾披到女儿身上,只有基于卖东西的要卖得贵点儿买东西时想少出点儿钱,我们才能理解比尔·盖茨的慈善事业。我们不应把饿了吃冷了穿以及等等称作自私,甚至也不应把它们称作自利,为此,我以为,在这些场合,最好采用严复当时使用的另一个词:自营。

---

① 贺麟,《功利主义的新评价》,载于《贺麟新儒学论著辑要》,宋志明编,中国广播电视出版社,1995 年,381 页。

不仅在研究基因的时候科学不涉及道德，即使在研究人的时候，科学也不涉及道德——不仅不涉及有德，也不涉及缺德。经济学、博弈论等等只涉及策略。一个漂亮的农村姑娘进城卖菜，一斤青菜赚两毛钱，一天挣三五十块；旁边发廊街，那里的姑娘一个钟挣三五百块。在经济学视野下，她们之间的区别是生存策略的区别。我还真不止一次读到过聪明人的议论，教导我们不要掺入品德高下这种"道德偏见"来看待这类事例。我觉得此间还有商量余地。我们是否也可以说，纳粹把犹太人送进焚尸炉，日本鬼子在南京烧杀奸掠，因为他们选择了一种和甘地、特蕾莎不同的生存策略？

我们可以这样说——如果你是在对这些事件进行博弈论研究。生物学、经济学、博弈论，各自在自己的学科框架内研究人类行为的一个部分或一个方面，各有各的成就和效用，但它们从来不是对人性总体的研究，从来不可能发现"人的本质"。科学只能揭示机制意义上的原因——道德的行为和不道德的行为都由一定的机制产生，不道德的行为之为机制之产物殊不亚于道德行为。为了揭示机制，科学家必须排除道德不道德的区别。采用道德上中性的用语，有益于彰显机制研究的性质。把饿了吃冷了穿掉到水里挣扎着爬起来叫做自利，这时，自利已经是经过特殊定义的概念——有些东西被定义为基本的，另一些事情需要由这些基本的东西加以解释。独自一人时，冷了加件衣服；女儿在身边，冷风一来母亲就把自己的围巾摘下来给女儿裹上，在自然理解的层面上，这两种做法是同样自然的，但从机制研究出发，后者却需要一个解释。我们不能把机制研究中使用的概念不加分辨移用于自然理解——他高息借钱给人是自利，他给灾区群众捐款还是自利，他舍身救人还是自利，这不过是让自利这个词变得毫无意义而已。

基因都是自私的与人皆自私是两类命题，而这主要不是说，基因和人在生物学上是两个层次上的存在者，而是说，它们探讨的是两类问题。巴勒斯坦青年身缚炸药闯进平民人群之中，这是利他还是自利？是英勇就义还是滥杀无辜？无论你怎样回答这个问题，它都不是一个科学问题。要思考这样的问题，我们需要查看的不是基因，而是我们的文化传统，我们的正义观念，巴勒斯坦和以色列的历史，他们双方对这段历史的经验和感受，等等。这些，都要求我们在有别于科学的另一个层面上思考。生理—心理学当然可以研究体液变化怎样带来情绪的改变，但这类研究无论如何也不能否定：你的愤怒是他的欺骗带来的。

第三章 事实与价值

§1 "是"与"应当"

伦理学中有一种无处不在的基本两分，在不同的理论或理路里，这种两分有不同的标示，如描述性与规范性，是与应当，事实与价值。我们说基因是怎么起作用的与人是否都是自私的探讨的是两类问题，这很容易被想成是在主张事实与价值的两分，主张不能从"是"推出"应当"——主张生物学是研究事实的，这类研究无法解决价值问题。但这不是我的主张，至少不完全是我的主张。

我们是否能够以及怎样能够从物事之所是推导出应当怎样做？这个"是与应当问题"被称作伦理学中的休谟问题。[①] 由于是与应当这个用语会让汉语行文磕磕绊绊，我们下面采用另一组现成用语：实然与应然。实然与应然论题通常在伦理学中得到讨论，但显然，这可以是一个远为广泛的论题。给定这个棋形，为什么就应该跳马？大船正在沉没这个事实怎么就过渡到了我"应当"上救生艇？在这些情况中，不仅有事实，还有处在事境中的人的欲望、愿望——正在沉没的大船上载的是要

---

① 人们在怀疑能不能从是推导出应当的时候，把这一怀疑追溯到休谟那里，从而把这个问题本身叫做伦理学中的休谟问题。不过，休谟本人未必会接受这个荣誉。这个问题，他只是在《人性论》第三卷第一章第一节末尾作为"附论"提到，其用意在于说明"道德并不是理性的一个对象"，其态度也相当克制：他不曾断然认定不能从是推出应当，而是说，"应当"与"是"不是同一种关系，所以，在做这种推导时，"须注意并说明这一点，而且应当为这种看来不可思议之举——怎么能从完全不同的另一种东西里演绎出这种新关系——提供理由"。参见休谟，《人性论》，关文运译，郑之骧校，商务印书馆，1980年，509—510页。

逃生的旅客，象棋有如此这般的规则和棋理而下棋人想赢棋，在这些适当的周边环境下，对怀有某种欲望或愿望的生物来说，实然导向应然。这杯饮料里有毒导向不应当喝它，但若我本来是要服毒自杀，这个事实就导向我应当喝的恰恰是这一杯。

从实然到应然引起困惑，在很大程度上是因为人们把事实认知想成了其他认知的前提，实际情况却是，我们一开始总是联系着我们要做的事情来认知事实，为了我们要做点儿什么去认知事实。我们要确认河水有多深，因为我们想知道能否涉水过河；我们要确认钥匙是否带在身上，因为我们到办公室得用钥匙开门。

确认事实本身可以成为一个独立的认知任务，完成这个任务成为另一些认知的前提，我们会说，先别忙下结论，等把事实弄清楚再说。不忙决定是否涉水渡河，先确定水有多深，不忙判断张三是否有罪，先去做 DNA 测试。确认事实是要不要涉水渡河或张三是否有罪的前提，但我们打算渡河、我们要找出罪犯，这些是搜集和确认事实的前提，并为搜集哪些事实及怎样确认事实提供了引导。

§2 从借钱这个事实能够推出应当还钱吗？

我问你借了钱，从这个事实能够推出我应当还你钱吗？如果把事实理解成赤裸裸、孤零零的"原子事实"，那么，从这个事实不仅推不出我应当还钱，实际上，从一个事实什么都推不出来。只有在一定的社会环境下才能从我问你借了钱这个事实推出我应当还你钱。

实际上，脱离了社会环境，我们不仅无法从我问你借了钱这个事实推出我应当还你钱，我们根本无法把任何东西刻画为借钱。我问你借了钱不是一个孤零零的事实，也无法通过分析转变为一些孤零零的"原子事实"。你的右手把一叠十元钱的纸币递到我的右手上，我把一张纸递到你的手上，纸上有我们称之为签字的如此这般的一些钢笔墨迹等等，这些事实的合取并不构成借钱。如果真的有一个不存在私有财产的社会，如果没有其他的周边环境，那么，无论你我做了什么，无论有哪些事实摆着，都不会有借钱这回事。我们在一定的环境下把所发生的事情刻画为借钱。

我们的语言在各种层面上从各种角度来设置表达方式，以使不同表达式的内容能够相互联系。之所以把发生的事情刻画为借钱，恰因为这般刻画的事实与应当还钱这个要求连在一起。有借有还——就像尺子和度量有概念联系，危险与应当躲避有概念联系，借钱与应当还钱也有概念联系。我们有时会降低一个层次来确定事实，例如确定纸上是些什么墨迹，我们为什么在这个层面上确定事实？我们需要确立这些墨迹是不是你的签字，你的签字表明你确实欠了钱，欠钱应该还钱。

§3 自然而然的存在是实然与应然未分之处

应然不限于道德上应当,也不限于我们应当,物事本身也有应然——钥匙应当在大衣兜里,河水不应当这么深呀。应当大致相当于按道理说。道理来自现实,现实包含"应当"。事情按常理发生,事情"自然而然"发生,意味着事情不仅如此,而且应当如此——所是是其应是,what is as it should be。水往低处流,这是事实,也是应然。自然状态是实然与应然的和合处,甚至要说,自然而然的存在,理所当然的存在,是实然与应然未分之处。

但事情并不处处依常理发生。按常理,水往低处流,在虹吸管里,水却往上升,按常理,孩子一两岁开始说话,然而,爱因斯坦到三岁还不会说话。这时,事实与道理分离开来——什么,水往上走,这不应当啊。这种分离开来的情状不仅让我们看到事实与道理的分离,而且让我们明确地意识到"自然"意识到事物本来是其应是,自然状态是实然与应然的和合。

事实与道理有时分离,这当然不意味着,世界一开始就是裂成两半的,一边是没有道理的纯粹事实,另一边是纯粹的道理,而我们无法越过把两者分开的鸿沟,从纯粹的实然跳到纯粹的应然。我们通过探究隐藏在自然之中的"深层道理"把看似不合常理的实然带回自然,带回实然与应然的统一。依据深层道理所提供的解释,即旨在消除事实和道理的分离,找到了适当的道理,水在虹吸管里上升就不再简单是水往低处流的例外,不再是不合道理的例外,其合乎道理殊不亚于水平常下流。

当然，用来解释虹吸现象的道理必须不与其他道理相矛盾。系统论理正是从这一要求发展出来的。

从现实引出道理相当于从实然推出应然，"按道理说"从事情应是怎样推出它是怎样。在数理推论中，这样的"推出"合拢实然与应然。7是除数，最大的余数是几？或应该是几？你回答，是6，或回答，应该是6。在事质推论中，实然与应然不完全合拢，"按道理说"的应然包含这样的含义：按道理说应当如此，但是否如此，尚须考虑具体情况，尚须考虑其他的道理。

斯蒂文森的主要论著《伦理学与语言》是从区分两种分歧起论的，他把它们分别称作看法的分歧和态度的分歧。你我的争论可能是关于事实的——影院现在上映的这部片子是不是张艺谋的片子。你我的分歧也可能缘于你我态度不同——我们确定了那是张艺谋的片子，正因为是他的片子，所以你要去看，我不要去看。不难看到，这种区分在很大程度上是从另一个角度来区分实然与应然。斯蒂文森说："伦理学分析的中心问题——甚至可以说'真正的'问题——就是详细地阐明看法与态度是怎样发生相互关系的。"[1] 我认为这是一个深有洞见的论断：如果研究只涉及实然，与我或我们应当怎样做没有关系，那就是科学研究；如果研究只涉及应然，而没有实然为据，那就是道德说教。

---

[1] 查尔斯·L.斯蒂文森，《伦理学与语言》，姚新中、秦志华译，中国社会科学出版社，1991年，16页。

只不过，要阐明看法与态度怎样联系起来，势必依赖看法与态度自然而然和合的情境。你看到大船在沉没，你自然而然应当跳上救生艇逃生。大船沉没之际你跳上救生艇逃生合乎常理。然而，现在大船正在沉没，你却没有去逃生。大船沉没之际逃生是不是这个理，须考虑具体情况，须考虑别的道理。此际有更深的道理：你是船长，你应当让乘客先逃生，你是个男人，应当让妇女儿童先上救生艇。

在康德那里，逃生出自欲望，欲望属于因果世界，这里只有实然，没有应然；应然惟出自理性的道德命令。应然不来自实然，它们是两个全不相连的世界，一个世界压倒另一个世界。而在我看来，这里出现的不是实然与应然的分歧，而是不同道理的分歧，或不同应然的分歧。我们努力过上一种"道德的生活"，不是因为应然世界始终应当压倒实然的世界，而在于"道德上的应然"是生活中的深层道理，道德性给予生存以深度。

船长留在正在沉没的船上让乘客逃生，这是更深一层意义上实然与应然的和合。然而，不也有那样的船长，海难来临时自己先溜之大吉吗？物理世界里，实然与应然的不合总是表面的，物理学的基本信念是：通过更深入的研究，通过理论的变形，一切不合理论的例外最终会合乎理论，从而得到适当的解释。而在伦理生活中，实然与应然的和合另有一层意义：实然和应然在典范那里和合，在典范那里，实然展示了应然。这种更深的和合是通过努力达到的，不经这种努力，实然与应然不是表面上分张，而是真实地分张：实然不副应然。这种分张不是通过解释消除的，而是通过实践中的努力消除的。

§4 简论社会研究与自然科学的区别

基因是怎么起作用的与人是否都是自私的探讨的是两类问题,不在于生物学研究事实所以无法解决价值问题。所有探究,无论生物学还是伦理学,都依赖于事实,但不限于陈述事实,而是从事实出发去探究事实的道理。那么,生物学和伦理学的区别何在?这一问显然要把哲学—科学关系整个牵涉进来。这里只能就最切近的因素扼要说几点。

十九世纪西方思想界极其关注人文/社会科学与自然科学的差异。用那时常用的说法,人文/社会科学和价值/意义相关。人文/社会科学的研究对象是人和人为事物,人是有价值取向的,其活动是由意义指引的,人为事物(精神—文化对象),从墓葬到游行,都体现着价值和意义。物理学的研究对象,物理事物,则不是如此。鉴于这一根本区别,狄尔泰区分精神科学的方法与自然科学的方法,前者是 Verstehen,后者是 Erklaerung。Verstehen 通常翻译成理解或领会,Erklaerung 则是说明、解说、证明。

我们可以从这一简要的思想出发来讨论社会科学的特征。这里且以社会学家布鲁斯(Steve Bruce)的一段论述为例。布鲁斯说,社会学家几乎无法构建实验。一个原因是,"社会生活看起来过于复杂,无法被分割成简单的组成部分加以孤立的研究"。[1]

---

[1] 史蒂夫·布鲁斯,《社会学的意识》,蒋虹译,译林出版社,2010 年,7 页。下面所引布鲁斯出自此书的 7—12 页。

他接着说,"社会学不能提供'法则'",[1] 它最多是达到某种或然性。这不是因为社会学还不够成熟,社会学"永远都不可能发现人类行动的规律",之所以不能,恰恰在于人不同于水这样的单纯物质,社会学研究的对象是人,而人有意识有感知,出于选择去行动,甚至在面临生死抉择的关头,人仍然可能选择去死而不是服从暴政。化学家只要找到了某种溴化物发生反应的规律就止步了,而社会学家找到人的某种反应模式时,他的工作刚刚开始,因为他需要知道他们为什么这么反应,他要在价值、动机、意图中探索"为什么"。为了找到这些,社会学家就需要了解人们对自己的所作所为的看法和描述。一个人在站台上举起手臂左右挥舞,他可能是招呼人,也可能是在活动筋骨。要了解这些,单单观察是不够的,"社会学家最终不得不以某种方式询问:'你为什么这样做'"。但问答本身是互动,当事人可能有意无意地掩饰或欺骗。于是,研究者就不得不进入符号的领域。

布鲁斯的这番议论有些疏漏,我恰好可以通过讨论这些疏漏更确切地刻画社会科学[2]的特征。

一、并非所有社会科学都无法建构实验,最典型的如心理学——实验心理学是这门科学中的大国。社会学的确不常建构

---

[1] 麦金太尔也强调说,关于社会科学的最显而易见的事实是,在那里"并没有发现任何规律般的普遍性"。阿拉斯戴尔·麦金太尔,《追寻美德》,宋继杰译,译林出版社,2003年,111页。

[2] 我们这里所说的社会科学包括所有以人为对象的学科。布鲁斯主要在谈社会学,不过这没有什么妨碍,因为他的论证也一般地基于"社会学研究的对象是人"。而且,这里只是在很笼统的含义上说到自然科学和社会科学,不消说,自然科学和社会科学都分成很多门类,本书不及系统讨论。

实验，但社会学与心理学关系密切。此外，社会学可以建构布鲁斯本人所称的"准实验"，如罗莎贝思·坎特的乌托邦社区研究。另一方面，自然科学中也有些门类无法实验，例如人们常说到地质学、天文学。固然，实验在社会科学中的地位与作用远不像在自然科学中那么的强有力，为什么如此还有待多方面的说明，其原因远不是主要在于"社会生活看起来过于复杂"。我们该怎么比较社会生活与物质活动哪个更加复杂呢？即使机械运动也可能十分复杂，比如湍流、三体运动。为了能够采用实验方法，自然科学家需要把复杂的物事分解成一些简单组成部分。地质学家无法制造地质的大规模运动，但他可以把研究对象"分割成简单的组成部分"来研究，实际上，他很可能把大量时间用在实验室里。与此相似，为了对社会生活进行研究，社会学家也必须尝试把社会生活分割成简单的组成部分的相互作用加以研究。若说社会科学不是对这些部分进行"孤立的"研究，那么，化学家在研究化学反应的时候也并不是对各种元素孤立地加以研究。在这个方面，社会科学与自然科学的区别毋宁在于他们所分出来的种类"客观性"程度不同。化学家把盐分成正盐、酸式盐、碱式盐、复盐、络盐五种，这是唯实论的分类法，carving the nature at the joints（就自然本身的关节来切分自然），而社会学家把人分成企业家、官员、教师等等八种，则更多是唯名论的分类法。这个区别在于，盐的分类所依的是物与物交互作用显现的性质，不依赖于盐对我们的关系，例如，不是依较咸较淡来分类的，而把人分成企业家等等，则总离不开这些人跟我们的关系。化学家之所以能够做到这一点，是因为他处理的是一个已经清除了人类感受的客体化的自然。正是由于这一点,而主要不是由于布鲁斯所提出那一点,社会科学研究者才不可能完全脱离符号的领域。

二、社会科学并非从来不提供法则。我们通常称作社会科学的学科,如心理学、社会学、人种学、语言学、经济学,皮亚杰干脆称之为 sciences "nomothetiques",法则科学,并申言它们"毫无疑问地构成寻求以上所述的那种广义'法则'的学科范例"。[1] 当然,社会科学不能止步于法则,它需要进一步追问为什么会有这些法则,但自然科学也不止步于发现规律,如第一章所申言,任何一门探究都追问事情何以如此。找到了某种溴化物发生反应的规律,科学家还须进一步探索分子如何由原子构成,从而说明为什么会有这些规律。

在以上两个方面及其他方面,社会科学的确与自然科学有别,尽管这里无法展开讨论这些区别,但我们可以笼统地说,这些区别源自上面提到的根本区别:人与人为事物的存在与活动是由意义指引的,或如布鲁斯自己说到,人有意识有感知,出于选择去行动。稍细一步说来——

(一)社会生活和物质运动都可以是高度复杂的,但社会生活的复杂尤其来自于行为者本身对生活怀有看法、回忆、期待等等。当事人是怎么想的,是行为原因的构成因素。换言之,意义和价值对于研究对象来说是构成性的——人文现象的研究者不仅需要知道"研究对象"在做些什么,而且需要知道

---

[1] 让·皮亚杰,《人文科学认识论》,郑文彬译,中央编译出版社,1999年,2—3页。这个译本把 sciences nomothetiques 译作"正题法则科学"。

他们都知道些什么，都有什么看法。不知道研究对象怎么理解这个世界，就无法懂得他的行为，他为什么举行这样的仪式，为什么要采用一些做法而避免另一些做法。

（二）社会中的人和物质世界中的随便哪个单元都处在与其他存在者的联系之中，但人不仅一般地处在社会关系之中，他与他人处在理解、相爱、猜疑等等关系之中。无论我们把社会事件视作何种单位的互相作用，例如个人或家庭，它们之间的相互作用都不只是力，引力或其他"基本力"或非基本力如摩擦力等，它们的相互作用还包含自我理解（人们对自己的所作所为的看法和描述）和互相理解。社会学实际上常从性别、收入、教育程度、宗教、种族、职业等属性来看待个人，用这些属性来区划人群，以此研究不同人群、人们对某类事件、某个人物等等的反应，例如选举时投票给哪些候选人或党派，而这些属性都不像原子的属性，这些属性都包含理解和自我理解。如布鲁斯所述，工党的主张和措施与工人阶级的利益诉求间的关系当然是重要的，但这种关系不是一种固定的关系，用比较外在但也比较简明的方式表示，工人阶级对工党及对自身的理解也同样起作用。

（三）社会科学家所做的实验中，被试不是被动地接受实验，他在实验中对实验有所理解，包括不理解以及错误理解。

（四）自然科学所追问的"为什么"是事物发生变化的机制，而社会学家所追问的"为什么"则包含行为者的动机、意图、价值观。在人文/社会科学这里，即使我们能够提供机制解释，这种解释也是不够的。一个讲解员向我们讲解流星为什么会发光，另一个讲解员向我们讲解人为什么会自杀，前者只要解释清楚流星发光的机制就够了，后者却不能只向我们讲解肾上腺素等腺体的工作原理。无论视觉是以光子和视神经的哪些活动建构起来的，人不是只基于这些活动作出反应，而是基于他看见的事物作出反应，基于对这些事物的理解作出反应。用皮亚杰的话说，人文科学认识论的中心难题"延伸成为这样一个难题，即这一客体本身又是一个具有语言和各种象征手段的有意识的主体"。[1]

（五）的确，人文/社会研究者不得不进入符号的领域。不过，这主要不是因为他们必须通过对研究对象的询问才能了解"你为什么这样做"。实际上，社会科学不断努力减少询问，而通过观察来了解行为者的动机等等。社会/人文研究不得不进入符号的领域，在不同程度上具有诠释学的性质，主要来自另外两个方面。其一，其研究涉及研究对象的理解与自我理解，而理解与自我理解无法离开符号。其二，如上谈论事物分类时已经提示，自然科学可以根据对客体的新知识重新定义它的对象，而社会/人文研究却不能这样定义它使用的语词，它的用语始终受到语词自然用法的限制，正如伽达默尔所言：因此，诸理解性科学（verstehende Wissenschaft）的任务是"对构造专业术语进行限制，不是去建设特殊语言，而是去培植'共同语言'的说话方式"。[2]

---

[1] 让·皮亚杰，《人文科学认识论》，郑文彬译，中央编译出版社，1999年，23页。
[2] 汉斯-格奥尔格·伽达默尔，《真理与方法》，洪汉鼎译，上海译文出版社，1999年，745页。

§5 人文/社会研究的科学化

上一节简要讨论社会科学与自然科学之间的区别,但我们不曾侧重区分人文学科与社会科学。十九世纪西方思想家也把人文/社会科学笼统地视为一个整体。社会科学的研究对象包含自我理解和互相理解,他的行为涉及价值、动机、意图,就此而言,社会科学与人文学科的确连成一片。威廉·亚当斯乃至声称:"社会科学里的所有伟大理论都只不过是旧有哲学的重新命名而已。"[1]

然而,也就在十九世纪,社会科学开始逐步独立。实际上,今天人们所说的社会科学,语言学、社会学、人类学、政治学、心理学,差不多都是十九世纪末成形的。[2]

社会科学成为独立的学科,就要像自然科学那样,营建自己特有的概念系统(概念的人工化),以观察取代内省和询问,引入实验和准实验,统计与量化,等等。人们常从负面论及社会科学对自然科学的模仿,这种评论的意义在于:社会科学在何种程度上具有科学性是可以存疑的,但获得科学性的努力,无须刻意模仿自然科学,自然而然会在各方面向自然科学靠拢。

上面谈到,社会科学与自然科学的根本区别在于,其研究

---

[1] 威廉·亚当斯,《人类学的哲学之根》,黄剑波、李文建译,广西师范大学出版社,2006年,前言1页。
[2] 语言学和心理学有相当一部分今天已成为自然科学,但这些学科中仍有相当一部分仍属于社会科学。

对象包含自我理解和互相理解，他的行为涉及价值、动机、意图。相应地，社会科学的科学化的核心在于把人类理解和价值客体化。意义和价值对于社会科学的研究对象来说具有构成性，但研究者的价值取向则对研究不具有构成性。研究者固然天然具有某些价值取向，但为了研究的科学性，他必须悬置其价值取向，"社会学者研究事物时，应该摆脱个人成见的束缚，原原本本地认识事物，进行完全客观的分析"。① 各种认知层次的股民对股市的变化会有不同的解读并相应做出不同的反应，经济学家把这些解读方式和反应方式作为影响股市变化的客观因素纳入对股市的研究。人类学家把不同族群的伦理规范作为客观因素纳入自己的研究，他研究一个族群有哪些伦理规范，它们以何种方式得到遵行，他并进一步研究这些规范产生的条件和机制。我们平常询问别人对一件事情的看法，例如对执政党功过的看法，是为了支持自己的看法，或为自己的看法找到参照；社会学家设计调查问卷却不是为了这些，被试者的看法是他研究的对象，他甚至可能通过特定的分析程序，透过调查所得的结果发现被试者的"真正看法"。威廉·亚当斯也许是对的，社会科学里的伟大理论都只不过是旧有哲学的重新命名而已，但这方面的研究若要成为科学，就必须努力把研究对象所包含的意义与价值本身客体化。

今天的社会科学已经在科学化的方向上走出很远，与十九世纪的社会科学大不相同。然而，社会科学能在这个方向上走

---

① 埃米尔·迪尔凯姆，《社会学方法的规则》，胡伟译，华夏出版社，1999年，118页。

多远仍然是个疑问。上一节对布鲁斯的讨论表明，社会科学与自然科学有很多共同之处，但同时也有种种差异，毕竟，"我们是文化的人类，并具有意识地对世界采取一种态度和赋予它意义的能力和意志"，这种意义将引导研究者把人类团体的某些现象"当作有意义的来（肯定地或否定地）对待……对它们的科学兴趣只依赖于这种意义。"[1]在多数情况下，就客体化程度而言，一门社会科学内部存在着巨大的差异，其一端接近于自然科学，另一端接近于人文学——经济学里，前者如计量经济学，后者如贫困研究；心理学里，前者如大脑区域定位研究，后者如弗洛伊德自我、本我、超我的理论或马斯洛的自我实现理论；语言学里，前者如音位研究，后者如语义研究。

---

[1] 马克斯·韦伯，《社会科学方法论》，韩水法、莫茜译，中央编译出版社，1999年，31页。

§6 伦理学是有我之知

我们在从事理论工作之前,已经对世界有所认知,这些认知形形色色,有些跟特定时代、特定地域、特定人群的经验紧密相连,例如我们对情爱和信仰的认知,有些则不那么依赖于特定人群的特殊经验,例如区分物体的大小轻重。人文/社会科学的认知即属于前一类,它们的研究对象是人与人工物,意义和价值对于它们的研究对象来说是构成性的,我们只有联系于自己的特定经验才能对之有真切的认识。

社会科学和人文学科都涉及价值/意义,但它们在这里有重大区别。社会科学努力把研究对象所包含的意义与价值本身客体化,而在人文学科这里,价值/意义不是作为客体得到研究,而是与我和我们的价值和意义连在一起得到领会、评价、评判。第一章已经表明,"哲学问题"一般地跟我们自己有关系,是我们每一个人自己的问题,即,以跟我们自己有关的方式得到思考。我们可以根据某些标准确定什么是良好的导体什么是良好的绝缘体,这些标准跟我自己该怎样生活没什么关系。而伦理学问题,突出的如何为良好生活这样的问题,不仅是从我们自己的生活出发才产生出来,而且始终与我们自己的生活相联系:我过的是不是良好生活?身边的人谁过着良好生活?哪种生活不那么良好?我和我们应当怎样生活?不妨说,只对那些自己在问这个问题的人,何为良好生活才是个问题。宽泛说来,哲学探究何为实在、何为知识、何为历史,都不是在探究纯粹客体的属性与结构,而是在探究跟我们自己相连的道理。简单说，伦理学之知是有我之知。

古今中外关于有我之知的议论甚多，但在这个关节点上，论说精当并不容易。我认为这里的关键是两点。其一，物理学类型的知识是关于外部世界的知识，这一点比较明显。但这里要注意的是勿贸贸然直接采用内外模式，把非物理学类型的知识视作内在知识。与非物理学类型的知识相对的是内外相连的知。没有内在知识这回事，当然也没有从内在之知开出外部知识这回事，外部知识来自把内外相连的知中的感知因素清除掉。其二，从内外相连的知转向外部知识，这是一个直线性的发展。熊十力说："须知穷理到极处，非反己收敛以达到证会之境，则盲人摸象之讥决无可免。"[1]他这话是用来批评西人的，"西学精神惟在向外追求，其人生态度即如此"，这个批评既片面又俗套，这且不去说它。这里要指出的是，科学的确是"向外追求"的，而科学最后既不要也不能反己收敛以达到证会之境。另一方面，哲学穷理并非达到极处才反己收敛，穷理一开始就不是且始终不是一条直线，哲学探究沿圆弧运行，在穷理的每一段弧上，我们都能看到它收敛反己的趣向。[2]

---

[1] 熊十力，《十力语要》，载于《熊十力全集（第四卷）》，湖北教育出版社，2010年，574页。

[2] 若进一步考察熊十力的思路，则他所谓反己收敛并不是从内向外至乎极处然后返回，他的穷理既不是直线向外也不是沿圆弧向外，因为所谓外者根本只是妄臆，"世间所计为客观独存的物质宇宙，只缘妄识惯习于向外找东西，遂失去心境浑融真趣而妄臆有外在世界"。参见熊十力，《新唯识论》，上海书店出版社，2008年，139页。以下所引也出自此书，随文标出页码。他也说到"不可离物而言理"（146页），但那只是虚晃一枪，"万有根源不离吾心而外在，何劳向外推寻哉?"（124页）所谓穷理，"求诸己而已矣。求诸己者，反之于心而即是，岂远乎哉?"（132页）

伦理学、政治学，以及哲学一般，属于人文学科。[①] 伦理学—政治学研究的是人类的实践活动，实践活动，从情爱到政治运动，都是我们自己的活动，是与人/社会打交道的活动，这些活动无法充分客体化，甚至，把这些活动充分客体化将使研究失去意义。维特根斯坦申言："即使一切可能的科学问题都已得到解答，人生问题也还完全未被触及。"[②] 张君劢所申言"人生观问题之解决决非科学所能为力"，可说是维氏此论的翻版。这不仅因为在伦理学—政治学中，意义和价值就研究对象来说是构成性的，而且因为，意义和价值对于伦理学探究本身具有构成性。

人们尤少注意的是，意义和价值的探究从来不是单向的，而是最广泛意义上的交谈或对话。第一章说到，我们为了防范与攻击他人也需要了解他们怎么看待事物，商家为了促销也需要了解"消费者心理"，依这一路线展开的研究即是"心灵"的客体化研究，也即社会科学的研究路线。哲学研究他者，这种研究却不是单向的，它以这样的方式从事研究——其研究结果现实地或潜在地为它所研究者理解。这种态度颇可以用弗洛伊德早中期的态度来说明：心理分析师不仅达获某种科学结论，而且不懂得相关科学的"患者"也能够经验地理解并承认这些结论。就此而言，心理分析师在真实意义上与"患者"处在对谈之中。从这种对谈性质着眼，"哲学研究"这个用语强

[①] 这原本相当明显，但伯纳德·威廉斯为这一论题所做的论证仍然提供了很多洞见，参见 Bernard Williams, *Philosophy As A Humanistic Discipline*, ed. A. W. Moore, Princeton University Press, 2006。

[②] 维特根斯坦，《逻辑哲学论》，6.52。

烈误导，哲学不仅研究，而且表达。历来关于哲学的论述，多偏向于思考者获得理解这一维，不同程度地忽视了思考者请求他者理解这一维。我见青山多妩媚，料青山见我应如是。思想史诠释以及一般历史解释都带有"相看两不厌"这一维度。[①] 当然，在一个简单明了的意义上，只有我们去理解古人，古人不再有机会理解我们，但我们必可注意到，"同情地理解古人"这话，说的不是我们多么大度宽容，而是在提示，我们对他们的思想行为的解释，假使他们能听到，他们也会或多或少同意。此时，真个不恨古人吾不见，恨古人不见吾狂耳。

[①] 海德格尔把哲学界定为解释学，本来可以彰显这一维度，但他始终未展开之。

§7 评价与"主观"

社会科学也研究伦理生活，但它以客观态度来研究伦理生活，善恶是非本身成为所研究的客体，而研究者要求自己不做善恶是非的评价；而善恶若被视作纯粹的客体，也就无所谓善恶了，所以人们说：科学不问善恶。与之对照，伦理学探究始终与探究者相连，与探究者本人的是非善恶相连，它一面探索善恶，一面做出善恶的评价。各种伦理学都或明或暗含有特定伦理评价与伦理理想。

不少人因此认为，伦理思考既然涉乎善恶的评价，所以都是主观的。梁漱溟在讨论性善性恶时说，"如我持一个静观的态度，从旁边去看人的生活，不从主观来说，则人的心理自无善恶之可言，因为他就只是一个生生灭灭，就是这一个变化流行……但我们应是一个非静观的态度，不是想要知道客观事实是如何如何，所说的善恶全是主观的评价，权衡完全在我……若不把定此点而就客观去说话，则非乱不可。"① 我们不妨就梁漱溟的这段阐论扼要谈一谈评价与主观性。

首先，梁漱溟说到评价，看来所想的只是道德评价。道德评价渗透在伦理生活中，我们论人论事，常含道德评价——我猜想比我们意识到的更经常。我们说到某人善良或高尚，说到某种做法不对，或不公正、恶劣、缺德、无耻，说到某种制度良好。我们随时在评判谁应该对某事负责。然而，评价并不只

---

① 梁漱溟，《梁漱溟先生讲孔孟》，广西师范大学出版社，2003 年，123 页。

出现在伦理道德领域，也出现在例如审美活动中；在更广泛的意义上，也出现在科学活动中。评价无所不在，如韦纳所言，"人类解释世界的一个主要维度就是评价……我们在认识他人时，这一点尤为现实"。[①] 在各种类型的评价中，"道德评价"也许最为强烈，但它不是唯一的评价。而且，有时不大分得清一种评价是不是道德评价，说到某人美好，说到一种做法感人，不知该不该定性为道德评价，甚至可敬这样的用语似乎也不尽在道德维度上使用。

其次，主观并非那么明显地与非静观联系。审美活动，人们都说那是静观的，是"从旁边去看的"，但仍然看出了美和不美。

第三，评价与描述并非总是不可通融，要么是"客观事实是如何如何"，要么就"全是主观"。评价可以寓于描述，所谓"春秋笔法"说的就是这个，描述可以含有评价，黑尔甚至声称，"差不多每一个词都可以偶尔被用作价值词"。[②] 当然，有一些语词，如桌子椅子、中子质子、吹拉弹唱，只"描述"，不带"感情色彩"，不含褒贬评价；另有一些语词，如善恶好坏，是些评价词，只评价，不描述；但也有大量语词既包含评价也包含描述。凶暴、勇敢、慷慨，偏向于评价，却也有描述内容。另一些词，土匪、欺骗、骂人、偷窃、强奸，是描述词，但显然也包含评价。甚至像远近高低深浅这样看似中性的

[①] 伯纳德·韦纳，《人类动机：比喻、理论和研究》，孙煜明译，浙江教育出版社，1999年，360页。
[②] 理查德·麦尔文·黑尔，《道德语言》，万俊人译，商务印书馆，2004年，77页。黑尔在该书第七章对描述与评价做了原创性的探讨。

形容词，我们也不难体会到其中的评价意味。先哲曾对上述现象做出这样那样的探索。威廉斯区分"厚实伦理语词"如许诺、背弃、凶暴、勇敢，与"薄脊伦理语词"如善好、对错。

另有一些语词，本来用作中性的描述，农民、共产党、保守派、革命党、法西斯，在特定社会环境中却生出强烈的评价意味，是褒是贬则视社会环境的演变而定。另一些评价词的褒贬也可能随世事和人事变迁，现在可以当众夸女士性感，倒退四十年，她跟你急。在有些人听来，优雅不一定是褒，反社会不一定是贬。但有些评价词的褒贬似乎非常稳定，无论你怎么重估一切价值，大度总是好的，猥琐、愚蠢总不是赞语，反社会小圈子可以夸耀自己反社会，但没人自夸猥琐。尤为有意思的是，乐这个词有一种很深的褒义，几乎不可能被除，基督徒反对快乐，尼采轻蔑快乐，他们最终还是把自己最赞许的境界称为至乐。

谈论这些既进行描述也做出评价的语词，人们也许会说，描述成分和评价成分在这些语词中结合在一起。这么说也无伤大雅，只要我们不把这种说法理解成：语词中原本有一些纯粹描述的成分，用来描述事实，然后与某些主观评价结合起来。偷窃中哪些是事实成分哪些是评价成分？世界不是由赤裸裸的事实组成，然后我们把评价投射到事实上去。张三偷窃不是一个孤零零的事实，也无法通过分析转变为一些孤零零的原子事实；对张三偷窃进行分析倒毋宁在于建立某些联系，例如联系于张三的动机，他怎样对待偷窃所得，[①] 乃至进一步联系于我

[①] 本书§5.5将系统讨论这一点。

们的整个社会形态。如果真的有一个不存在私有财产的社会，那么，无论张三做了什么，无论那里有哪些事实摆着，我们都不会把这些事实"评价"为偷窃。

§8 伦理学重在论理

要避免"全是主观的评价",一个方便法门是宣称自己在中性描述意义上使用评价语词。例如,Verfallen 的意思是堕落、沉沦,当然是贬,海德格尔却声称他在存在论意义上使用这个词,"这个名称并不表示任何负面的评价"。[1] 可我们要知道,在这类情况下,说话人自己的声称是不作数的。语词的含义首先依于通常用法,你不能单靠申明就赋予一个语词以含义。"你这个人既自私又猥琐,不过我认为自私、猥琐不是坏事。"普通人这样自欺欺人也就罢了,论理家采用这种做法还多一重罪:掩饰了论理上的困难而不是与之较量。海德格尔思想深刻,却采用这种浅俗的策略,实在不该。

诚然,论理工作须尽量采用中性的表述,少用明显含有评价意味的表述。实际上,社会科学就是这样做的,法学用语更是这种做法的一个典型。然而,我们并不能通过选用中性表述达到科学的中立性;科学的客体化进路使它能够使用中性表述。

这不是伦理学的进路。如上所述,伦理学并不悬置评价。然而,评价都是主观的吗?的确,主观评价差不多是个熟语,与客观描述对照。但我们已经看到,评价与描述并非截然两

---

[1] 马丁·海德格尔,《存在与时间》,陈嘉映、王庆节译,三联书店,2012 年,204 页。在此前谈到 Gerede(众议)时,海德格尔也特地申明他并非在贬义上使用这个表达式,(同上引,195 页)但无须是明眼人,谁都读出这一节满篇在贬义上谈论 Gerede。

分，有些话语，评价多些描述少些，有些话语主要在描述却多多少少含有评价。但事情的关键不在于我们是否做出评价，而在于所做的评价是否有道理。这一关键且明显之点，常被论者错过。二十世纪二十年代的科玄论战中，张君劢区分科学与人生观，所提的第一点即是"科学为客观的，人生观为主观的"。科学是客观的，因此可以论理，"科学为论理的方法所支配"，因为可以论理，所以是普遍的，"推诸四海而准焉"。人生观是主观的，因此"是非各执"，孔子倡健行有为而老子倡无为，无法论证孰是孰非。"科学可以以分析方法下手，而人生观则是综合的……包括一切的，若强为分析，则必失其真义。"[1] 张君劢的上述两分，未免过于粗疏。科学当然要论理，人生观领域或伦理领域又何尝没有论理？伦理领域中实际上充满争论、论理，人们各张其理，争论教师可以在何种程度上对学生施以惩罚，争论妇女是否有自行选择堕胎的权利。的确，像伦理道德这么重要的事情，我们若无争论就太古怪了。伦理领域中的日常讨论和争论，有很多出于偏好，有很多只是意气之争，却也常包含说理。有些评价全出于偏好，不妨说它"全是主观"，有些评价基于相当的道理，不那么主观，甚至有时听人在评价时自称"客观评价起来"。

要摆脱主观任意，并不靠凭空把评价予以悬置，更不是要把评价伪装成中性的描述，而在于对自己的态度保持反省，为自己的评价提供理据。评价是否"全是主观"，要看评价有没有道理。"客观评价起来"是个浅陋的说法，但若一种评价很

---

[1] 张君劢等，《科学与人生观》，黄山书社，2008年，33—34页。

有道理，它就的确不是那么"全是主观"。

如海德格尔等思想家指出，我们对世界的认识本来就是有情有感的认识，认知因其觉感（sinn, sense）而充沛，而具有意义（sinn, sense），清洗觉感而惟理是认是一种特殊的认知形式。对人事有所评价，这并没有什么不对的地方，甚至我们也不一定总要抑制情绪用事的评价。我们只是需要区分有道理的评价和出于纯粹偏好的评价、情绪化的评价、意气用事的评价，不把后面这些冒充为或合理化为有道理的评价。

虽然在很多活动中表明立场极其重要甚至最为重要，而在学理讨论中却不是如此，讨论者虽有立场，他的主要工作是为他的立场提供论证而不是一味声明立场。伦理学理论或明或暗含有特定道德理想，不可能做到"论而不议"，历来的伦理学家在成为学术家之前也早就有各种主张，不曾见到由无立场的人生生推论出什么有意义的结论。但如前所论，伦理学专是日常讨论和争论中说理部分的延展，重在提供理据。伦理学固不免善恶的评价，却主要着力于细密的描述和分析。无论逻辑分析还是列述事实，显然都不是主观的东西。而且，既然重在说理，论者自然而然会多取中性的、描述性的语词。

§9 伦理道德方面的实证研究

伦理学所涉及的事绪,这里那里与其他很多学科——法学、社会学、人类学、心理学、动物学等等——重合。这并不值得特别关注,说到一个人,我们可能关注他的性情,或他的身体健康心理健康,或关注他的体积和重量。这里要谈的,是爱德华·O.威尔逊的这类主张:"科学家和人文学者应当一道来考虑一下,伦理学现在是不是已经该脱开哲学家的掌握而纳入生物学之中。"[①] 随着自然科学的强势发展,很多人持有这种主张。

威尔逊是社会生物学的领军人物。社会生物学从它特定的角度对广泛的人类行为提供了系统解释,表现出极强的解释力。它不仅能解释通常的自利行为,也能解释性爱的众多习性,择偶的众多标准:年龄、身体、财富。它能够解释母爱,也能解释为什么孩子模样的人受到更多同情,解释人们为什么喜爱企鹅。本章第4节曾谈到经济学式的伦理研究。经济学用交易来解释人类行为,这类解释会碰到一些特有的困难,即上下代之间不是一般的(平等)交易关系,而是传递关系。社会生物学中的代际传递的一般观念在这里补足、反哺经济学。这不仅是亲子之间的关系,一般社会关系也有这一维度——青壮年一般地承担了扶老携幼的职责。

[①] 爱德华·O.威尔逊,《社会生物学——新的综合》,毛盛贤等译,北京理工大学出版社,2008年,528页。

这些研究饶富意趣，不过，它们关注点不同于伦理学的关注点。伦理学所关注的始终是人类生活的目的，或广泛意义上的善好，以及与目的内在关联的规范与实现途径。[①] 社会生物学的关注点则集中在博弈的方式或"手段"上——我们作为生物会在演化过程中形成哪些倾向，这些倾向是否、如何以及在何种程度上促进基因繁衍。这些都无关善好与目的。有研究认为，对某种类型的男性来说，强奸能够提高行为者的适应度，即促进其基因的繁衍，即使这个论断已被证明，我们也不能从这个论断直接导出强奸是善好的这个结论。社会生物学家也许会争辩说，最大限度的基因复制就是一切生物的目的，因此也是人类生活的目的。这里所说的目的须加上引号，因为这里所谓的目的指的是生物机制造成的必然结果。机制从后面推动发展，目的从前面引领发展。当我们讨论人类活动所含的目的，总是在这层意义上谈论的。在社会生物学研究中，并没有目的这个概念。

社会生物学家也许会反驳说，在这里所说的意义上，我们只能研究手段，不可能研究目的——事涉目的，我们只能提出这样那样的主张，无法加以论证。这是错误的看法。这里无法展开这一论题，只举一个例子——桑德尔在他的畅销书《公正》中介绍了美国关于是否立法保护同性婚姻的一场争论，并指出这场争论的核心问题是婚姻的目的。马萨诸塞州最高法院大法官玛格丽特·米歇尔在她所写的判词中以强有力的理据反驳了婚姻的首要目的在于生育的主张，论证了婚姻的目的更多

[①] 第一章讨论 praxis 和 phronesis 时已提示这一点，下一章将展开此一论题。

在于确认"婚姻伴侣相互间那种排他性的、永久的承诺"。当我们面对究竟哪一种是婚姻的主要目的这样的问题时，我们该怎么论证呢？桑德尔总结说："一种途径是询问哪一种说明在总体上更好地理解了现存的婚姻法。另一种途径是询问哪一种对婚姻的阐释颂扬了各种值得尊敬的德性。"① 事涉目的，我们并非要么提出这样的主张要么提出那样的主张了事，我们蛮有可能诉诸理据。如果把目的悬置不论，那么，伦理学并不是被"转移"到谁家手里，而是被取消了。

目的规范着人类活动，而科学，例如威尔逊视作同道的人类学，努力从自然条件来说明规范的形成。人类学—社会学家能否建立自然事实与规范性的完全联系，表明所有规范都是由各种自然条件决定的——只要有如此这般的自然条件，不管当事人如何认识，他都将那样行为？人类学—社会学家实际上很少持有这种看法，威廉·亚当斯特别说到，人类学所未能做到的是脱去他者的道德意义，实际上只要我们自己还是人就无法做到这一点。②

伦理学不是自然科学，也无法被自然科学化。这并不是否认科学研究对伦理学的影响。古希腊时代，所有学科总体上都属于哲学，他们的伦理思考与天体的圆周运动相连。近代以来，实证科学逐步独立，它们作为独立的学科对伦理思考产生影响，举几个最突出的例子吧：地心说曾对西方的伦理观念造成冲击，生物演化理论、动物行为研究则对近世伦理观念有重

---

① 迈克尔·桑德尔，《公正》，朱慧玲译，中信出版社，2012年，296页。
② 威廉·亚当斯，《人类学的哲学之根》，黄剑波、李文建译，广西师范大学出版社，2006年，2页、111页。

大影响，心理学研究，如弗洛伊德的潜意识动机、米尔格兰姆（Stanley Milgram）1963年的著名的服从实验[①]都有广泛的伦理学意涵。

对这些实例需要分别做出分析。从反思地心说对西方的伦理观念造成巨大冲击而生物演化理论对近世中国伦理观念产生巨大冲击这两个实例以及其他例子，我们会看到，这种冲击主要发生在社会观念层面，而不是发生在伦理论理的层面，例如，地心说对中国人的伦理观念就影响甚少。科学结论会带来世界图画的改变，而这幅世界图画曾经历史地与某些伦理观念连在一起，例如地心说与福音书的教导相连，它与中国伦理观念却没有这种联系。

动物学研究表明，灵长类动物在不同程度上已经发展出了与人类道德极其相近的行为。即使如前面所申论，有些心理状态是没有语言就无法有的，例如内疚、自居为师表，伦理学从人伦关系来关注这些心理，但这些心理并非没有动物学的来由，可以设想，某些动物行为研究会为伦理学提供周边的帮助。

心理学与伦理学的关系则要复杂得多。很多伦理学家都很看重心理学研究。梯利声称："伦理学必定在很大程度上依赖于心理学……就伦理学研究道德意识状态而言，我们简直可以说它就是心理学的一个分支。"[②] 大概是接受了梯利的这一提

[①] 劳伦·斯莱特在《20世纪最伟大的心理学实验》（郑雅方译，中国人民大学出版社，2007年）第二章中详细介绍了这一实验。
[②] 弗兰克·梯利，《伦理学导论》，何意译，广西师范大学出版社，2002年，9—10页。

法，梁漱溟也声称："凡是一个伦理学派或一个伦理思想家，都有他的一种心理学为其基础。"① 这些提法未见妥当，② 是否妥当，很大程度上依赖于他们所说的"心理学"指的是什么。心理学是一个幅员极大的学科，一端连在生理学上，另一端伸入我们的日常思考和哲学辨析。我们简直无法确定弗洛伊德的《文明及其不满》等重要著作以及马斯洛的多数著作究竟是心理学著作抑或是关于文化、道德的研究。③

其实，所有社会科学学科都是一端连于实证、一端连在人文学科上，只不过心理学在这一点上更加突出。甚至像"道德心理学"这样的名号所指称的也是两类很不一样的兴趣。像尼采那种"道德心理学"，意在用更加冷峻的眼光来看待人们通常用道德语汇来描述的行为和态度，跟力图成为一门实证科学的心理学没有什么特别的关系。④ 而今天人们所称的道德心理学，则是心理科学的一个特别分支。这个学科的研究者基于调研数据对一些传统伦理问题做出回答。例如，纳希等人发现，一个四岁的小女孩就能区分吵闹和打人，如果没有规定不许吵闹，就可以吵闹，但即使没有规定不许打人，仍然不可以打人，因为挨打的人可能受伤。大量实证研究表明，全世界各地的孩子都以大都相同的方式做出这种区分；据此，研究者得出

---

① 梁漱溟，《人心与人生》，上海人民出版社，2005年，自序一。
② 梁漱溟后来自己也指出他上述文字"不对，须得纠正"，见梁漱溟，《人心与人生》，上海人民出版社，2005年，自序二。
③ "我从来没有像现在这样强烈地感到，我所描述的东西只是些常识。"弗洛伊德，《文明及其不满》，何桂全译，载于《论文明》，国际文化出版公司，2000年，114页。
④ Bernard Williams, "Nietzsche's minimalist moral psychology", in *Making Sense of Humanity*, Cambridge University Press, 1995, pp. 67–68.

以下结论:"儿童年龄很小的时候道德和习俗就已作为有区别的概念框架出现了。"① 这个学科特别注重儿童心理研究——部分地由于儿童心理相对比较整齐一致。如今,少年道德教育研究几乎已经完全交到心理学家手里。

我们也许会想,心理学是一门科学,它得出这类结论依据于确定的事实。然而,是否依据于事实并不是哲学与实证科学之间的区别。伦理学既主要是论理活动,就不能不依赖于作为理据的事实。只不过,论理的层次不同,所依赖的事实也有不同层次。在具体伦理问题的判断上,我们有时需要了解特殊的事实,例如,要判断当前时代的一般道德状况,可能要求我们了解犯罪率升高了还是降低了,这类事情不能或不大能靠一般经验了解,我们需要通过实证调查或研究来确定。② 但较高层次的论理,辨名析理,通常依赖于一般事实,而非特殊的事实。③

另一方面,我们从来不可能单纯通过确定事实来达到确定的结论。这倒不在于从实然推不出应然这个简单的理由,而在于事实一向在特定的理论框架内或一般意义联络之内通向结论。就拿眼下这个例子来说,纳希他们的结论并非能由事实直

---

① 拉瑞·P.纳希,《道德领域中的教育》,刘春琼、解光夫译,杨韶刚校,黑龙江人民出版社,2003,9—10页。
② 牟宗三说,科学给我们以知识,哲学不给我们以知识而给我们以智慧,这虽是老生常谈,却也说得不错。但他接着说:"故要返回来而至无取之知,则必须把一切'有取'打掉,洒脱净尽,而后归于照体独立,四无傍依,此所谓哲学智慧之开端。"参见牟宗三,《生活的学问》,广西师范大学出版社,2005年,7—8页。这调子又唱得太高了。老子"为学日益为道日损"这话我们听得懂的,今人却不可像老子那样立说。在此,我们实须好生体会余英时所言:"'良知的傲慢'更远在'知性的傲慢'之上。"余英时,《钱穆与中国文化》,上海远东出版社,1994年,88页。
③ 参见陈嘉映,《说理》,华夏出版社,2011年,第二章、第九章。

接导出,从事实到结论之间隐藏了一个他们想当然的预设:道德都与伤害相关,这的确是当代"文明人"广泛默认的一个预设,但不管多广泛,它依旧是一个很成疑问的预设。乔纳森·海特(Jonathan Haidt)对此做了不少调查研究,在他的畅销书《正义之心》里表明,是否对他人造成伤害并不是规定道德的唯一维度,例如颇为突出的,圣洁/恶心也是道德感里的一个重要维度,虽然它通常不涉及或不明显地涉及是否对他人造成伤害。[1] 我们无法确定道德和习俗有没有一般的区分以及它们的区分落在何处。海特本人也是一位心理学家,他所做的心理学实验—调查有助于矫正一种当代流行的道德观点,但当然,道德感不仅涉及伤害而且还涉及恶心等等并不是心理学的发现。

---

[1] 参见乔纳森·海特,《正义之心:为什么人们总是坚持"我对你错"》,舒明月、胡晓旭译,浙江人民出版社,2014年。这是该书第二部分的主题,在其他地方作者也反复讨论了这一点。顺便说一下,这里把 righteous mind 译作正义之心不太妥当,倒是中译本的副标题"为什么人们总是坚持'我对你错'"较为贴切地表达了本书的主题。

第四章 实践中的目的

§1 目的—手段

讨论人类行为和行动，躲不开目的这个概念。我买彩票，目的是赢大奖；我当壮工挖沟，目的是挣工钱；我请包工头吃饭，目的是得到他拖欠我的工钱。我们做一件事，重要的是目的，所做的事情则是为了达到这个目的不得不做的手段——为了挣到工钱，我不得不扛麻袋、挖土方、糊火柴盒。不是我喜欢挖土方，工头的儿子结婚，工头高兴，说今天你不用挖了工资照付给你，我不会非挖不可。

目的—手段这个解释框架会带来一些问题。有些人类行为似乎并没有什么目的。睡觉有目的吗？睡前看会儿电视，有什么目的吗？生理学家说，睡觉是为了恢复体力。这里的"为了"更多指功能而不是目的。反正我们平常不大会说到睡觉的目的，大概只说，困极了，得睡了。

有人据此区分行为和行动，无目的的活动是行为，有目的的活动是行动。这个区分不一定行得通，糊火柴盒是有目的的，但我们仍然不把它叫做行动。行为和行动有别，值得细究，但这不是这里要做的，这里只须说明，伦理学所关注的，一般说来总是与目的相连的人类活动。

目的—手段解释框架还会遇到人们更常提出的问题：目的正当，是否可以不择手段？托洛茨基说："革命要求革命的阶级为达到自己目的可以采取它拥有的一切手段：如果需要——

武装起义，如果需要——实施恐怖。"① 几种宗教中的原教旨主义者今天正在继承托洛茨基的路线。为了保持士气，将军骗士兵说援军马上就要到了，虽然他知道援军还离得远着呢。这样做是否正当，古人就开始讨论。为了建成共产主义这个美好目的，人们曾采用好多不那么美好的手段。当然，不择手段这个成语有点儿贬义，咱们可以换成为达到正当目的而采用任何手段这类中性的用语，不过，问题的实质好像没受什么影响。再说，"不择手段"为什么本来带有贬义呢？

最后，说一句人生的总目的。买彩票、挖土方、请工头吃饭，这些都是具体的活动，有具体的目的。但伦理学通常不只谈论这些具体的活动和具体的目的，还会谈论人生的总体目的——我们的所有活动都是为这个总体目的服务的。通俗看法常把快乐或幸福视作人生的总目的，前面讲到的功效主义就这样认为。我们的种种活动，连同种种具体的目的，都是达到这个总目的的手段——挖土方是为挣钱，挣钱是为了娶老婆生孩子，娶老婆生孩子带来快乐。② 然而，事涉人生整体，目的—手段这个解释框架似乎有点儿笨拙。我们常可以有效地问这样

---

① 转引自闻一，《契卡与"红色恐怖"法令》，载于《炎黄春秋》，2013年第6期。
② 本章从目的—手段立论，但本章很多阐论得益于麦金太尔的实践概念。麦金太尔对其实践概念（practice）的界定，勉强翻译过来，大致是这样的："人的社会合作活动的所有融贯的、复杂的形式，通过这样一种合作活动，与这种活动形式有内在关联的益品在达至优秀标准的努力中得以实现，而这里的优秀标准对这种活动形式是适宜的，并部分地由这种活动形式所界定，益品的实现则带来这样的结果：人们达至优秀的能力扩展了，对这些活动的目的与益品的理解也系统地扩展了。"Alasdair MacIntyre, *After Virtue*, University of Notre Dame Press, 1984, p.187. 本书的行文是通俗版的，此外，在很多地方与麦金太尔的看法有别；这里不是在专题讨论麦金太尔，不一一注明哪些内容来自他，哪些地方与他不同。

做那样做的目的是什么，但我们似乎无法问：行为的目的是什么？行为这个词，按奥斯汀的说法，是个百搭（a stand-in），究竟指什么，通常要看上下文。[1] 就像我们很难问行为是什么或行为有什么特点，我们也很难问：所有行为的总目的是什么？伦理学中常见到的"总目的"，快乐、幸福、自我实现，这些我们后面再行讨论，这里只提一句：谈论整体人生的目的或人生的意义与谈论做某件事的目的和意义有不同的含义，如果坚持从目的来谈论整体人生，那么，人生的总目的大概应当被理解为各种行为所含诸目的之间的协调一致。

---

[1] J. L. Austin, "A Plea for Excuse", in *Philosophical Papers*, Oxford Press, 1961, p. 126.

§2 下棋不是好玩的手段

我好下围棋,下棋的目的是什么?古力下棋,也许有个目的,得冠军,赢大笔的奖金。棋而优的确可能带来名利,可街头老头儿下棋,无望得到任何奖金,白白搭出时间精力。教育家也许主张下棋有益智的功效,但那是功效,不是我下棋的目的——即使下棋无助于益智,他还是会去下棋,他就是喜欢下棋,就图个乐子。

"图个乐子"这话似乎给出了街头老头儿下棋的目的。我挖土方是为了挣钱,我下棋是为了好玩、高兴、快乐。然而,这里的对称只是字面的。下棋不是好玩的手段,下棋就是好玩本身。(排成长队的家长把孩子送往围棋学校多半不是因为下棋好玩,又当别论。)我对挖土这件事没啥兴趣,我关心的是挣钱。我下棋,兴趣却是在下棋的整个过程之中。下棋好玩跟下棋这种特殊的活动紧密联系在一起,简直难分彼此。

那么,让我们说,下棋的目的是赢棋——下围棋要多围些格子,下象棋要将死对方。但显然,赢棋这个目的也不同于挖土方为了挣钱这种目的。棋行至中盘,你困了想去睡觉,我拉着不让你走,你说,不下了不下了,这棋算你赢了。你算我赢也不行,我非拉你接着下下去。这可不像前面说的——我不用挖土工头照给工钱,我不大会坚持挖下去。有些活动,对于参与者来说,目的和手段是分开来的;有些活动,目的和你达到目的的活动结合在一起。

与其说我们为了赢棋去下棋,不如说我们是为了要下棋才设置了赢棋的目的。哪怕你下棋总输，你还是想下棋。我们甚至该说，下棋不是为赢棋服务的，相反，赢棋是为下棋服务的。我女儿要跟我赛跑：爸，你说咱们把终点设在哪儿吧。

看来，我们最好把挖土要挣钱这类目的跟下棋要赢棋这类目的区分开来。前者不妨称之为外在目的——挖沟与挣钱是分立的两件事情，你可以通过挖土方挣钱，也可以通过扛麻袋挣钱，如果啥都不干包工头照给钱，你就啥都不干。可你无法不通过下棋去赢棋。反过来说，不设立赢棋这个目的，这个游戏就无法进行下去了——我根本不想赢棋，车啊马啊随意乱走，这显然不叫下棋，实际上也没谁肯跟我接着玩下去。所以我们也不妨把赢棋这类目的称作内置目的。

一般情况下，好玩、快乐根本不是目的——这个我们到良好生活一章再说。

§3 目的与用途

我为什么挖沟？为挣钱。这是从我能因挖沟得到什么来回答的。你问我为什么挖沟，我也可能回答为了埋光缆，为了埋排水管；这是从挖出这条沟有什么用处来回答的。

我们也可以说，挣工钱是我的目的，埋光缆、种树是挖沟挖坑的用途。为整齐起见，我们也可以把这两种回答分别称为主观目的和客观目的，或主观意义和客观意义。我挖沟挖坑，只为挣工钱，至于这沟这坑干什么用，不干我的事。这沟这坑当然通常有个用处，我通常也知道它们是干什么用的，或至少，我笼笼统统相信自己所做的事情会有用处。如果它全无用处，恐怕也没人肯付钱让我挖它，只是我通常不关心它有什么用处罢了。

概括上述辨析，大概是下面这个样子。挖沟人的主观目的是挣钱，这个目的跟挖沟这种特殊的活动没有内在联系，如果做比较轻省的活计挣同样的工钱，我就换件事情去做了。在这个层面上说目的，下棋人没什么目的。挖沟这种活动的客观目的是埋光缆或其他什么，这个客观目的跟挖沟有内在联系——这条沟是用来埋光缆还是用来排水或灌溉，决定这条沟应该挖成什么样子。多多少少能跟这个客观目的相应的，是赢棋——赢棋这个目的规定着棋应该怎么下。不过，就像上面说到的，在挖沟这件事上，我们先有挖沟的目的才去挖沟，下棋这个游戏却不同，我们设置赢棋这个目的，是为了进行这个游戏。

§4　绘画既非单纯取效也非单纯游戏

人类活动不是一式的，挖土方这样的事情，工人在乎的是干这活儿挣多少钱，雇他挖沟的人是为了埋光缆，无论从做事的人来想，还是从所做的事情来想，我们要的只是结果而不是过程，有一天，电子讯号都无线传播，就没人挖沟埋光缆了。挖土方、扛麻袋、糊火柴盒这些事情是纯粹实用的或说单纯取效的。在这里，目的是确定的，所需考虑的是达到目的的方式、手段；目的外在于达到目的的活动，所以，无论采用什么手段，能达到目的就好——不管黑猫白猫，抓住老鼠就是好猫。

在街头下象棋这类活动跟单纯取效活动正相反，参与者没什么目的，活动本身也没什么效用。我们下棋，要的是下棋这个过程。若说下棋有什么目的，这个目的是内置的，就是说，目的是为活动而设。

挖土方和下象棋是人类活动的两个极端，极端的东西比较简单，我们不妨从简单的模式开始思考一个问题，然而，进看一步，就应当看到绝大多数人类活动既不是单纯取效的也不是单纯游戏。绝大多数，对，几乎所有的人类活动都是如此：画画、建筑、学术、教育、行医、政治、经商、战争。我们做这些事情，要取得某种效果，但也在乎这些活动的过程本身。

我们试以画画为例来做一番说明。画画跟挖土方不一样，这一点相当明显。壮工靠挖土方挣生活，画家靠画画挣生活，这两种挣法不尽相同。倒不在画家挣得多——的确有零星几位成功画家画画跟印钞票似的，但很多画家穷困潦倒，别人不说，梵高是咱们人人都知道的；后来，梵高的画拍出天价，不过，这钱都落到藏家和拍卖行手里，梵高只得个千秋万岁名，那都是寂寞身后事了。画画挣生活跟挖土方挣生活最突出的不同在于，壮工并不喜欢挖土方，画家画画呢，一方面他靠这个挣生活，另一方面，他喜欢画画。即使来了个富豪愿意用豪宅香车把梵高供起来，但从今不让他画画了，梵高多半还不肯。他靠画画挣生活，但他不是只要挣钱这个结果，他更要画画这个过程；像棋手要赢棋一样，他要画出好画，哪怕他明知他认定的好画不能给他带来更多收益，明知画出不那么好的画反倒能卖出好价钱。自己的画若能卖出好价钱，画家当然高兴，但他的高兴，多一半不是因为挣到了更多，倒是因为别人认可他画得好，所以肯出大价钱。

艺术和下棋有很多相似之处，难怪探讨艺术的人常把艺术比作游戏。但比作是比作，若把艺术完全等同于游戏，恐怕就走得太远了。艺术跟游戏的一项根本区别，在我看，正在于艺术多多少少还是取效的。

常有人问：艺术有什么用？问者倒不一定出于刁钻，成心为难艺术，艺术从业者自己有时也这样自问。之所以有此一问，部分原因，是因为艺术往往像下棋打球一样，只是自己玩得高兴，没想着有什么效用。然而，如果有用不专指能吃能穿，很多画显然有用。基督教传统上通过图像来教化没文化的信众，尽管这个传统由于涉嫌"偶像崇拜"引发过剧烈争议。没有摄影术之前，个人留影、家庭留影的功能要交给肖像画。墙上挂一幅画作装饰，村口涂一幅画做宣传。广泛说，一幅画画出来，观众爱看，就是这幅画的"效用"。

虽说画画常是有效用的，但有两点须得补充。

第一点，画画比挖沟的范围广多了，我们无法笼统谈论绘画有什么用。开会时不好好听报告，在笔记本上涂鸦，很难说画出来的东西有什么效用，另一个极端，广告画宣传画可以目的非常明确。

第二点，一件事情有效用，我们不见得可以用一个词一句话说尽其效用。行医、送孩子上学、盖房子，这些活动显然不是游戏，而是求效用的活动。但它们各自有什么效用？医学的目的看起来很明确：治病救人。但法医鉴定和试管婴儿也在医学的功用之列。送孩子上学校的一个目的是让孩子学会算术语文外语。但孩子也学画画、唱歌、做体操。把这些合在一起，说是长本事吧，这个回答已经很宽泛，但还是遗漏了好多，例如，她在学校有好多玩伴，即使放在家里我自己可以教她长更多本事，我还是送她上学。盖房子当然有个目的，有个效用。什么效用呢？居住。但居住这个效用包括了很多内容，避风避雨御寒御暑防野兽防外人，内设床铺炉灶，还得考虑采光通风，不像挖条沟，挖多宽多深多长，一般是挺明确的。更不说还有住房之外的种种建筑，神庙、纪念堂、歌剧院，它们各有各的效用。大多数人类活动的目的或效用都不是单义的。哲学有什么用处？艺术的目的是什么？我们可以试着回答这些问题，但无论怎么回答，恐怕都会发现，这些活动并非只有一个单义的目的。[①]

---

① "实践从来没有一个或一些始终不变的目标……各种目标本身由实践活动的历史所改变。" 阿拉斯戴尔·麦金太尔，《追寻美德》，宋继杰译，译林出版社，2003年，245—246页。

我们也许会想，无论目的多么复杂，目的还是目的，我们只要把复杂的目的加以分解，例如，把盖房子的目的分解成避风避雨采光通风这样一项一项，每一项就会像挖沟那样目的明确。实情并非如此。避风雨御寒暑防野兽防外人采光通风，这些功能一个套一个，有的互相联系，有的互相抵触。我们的人生，差不多也是这样，虽然有时做这个，有时做那个，它们多多少少都要连成一个整体——包括在整体中互相抵触。

§5 创造性与自主性

一幅画虽然可以有它的效用，但一幅画的效用跟一条沟的效用并不一样。挖一条沟来埋光缆，这个目的很明确，因此也明确决定了这条沟要多长多宽多深，画一幅画，我们事先却不知道这幅画会是什么样子，至多只有一个大概的设想。即使这幅画是有人为特定的目的定制的，目的是祝寿，纪念某次重要的战役，为某人或某个家庭做肖像，为一款新式风衣做广告，画家以及委托人事先仍然不知道落成的画面确切会是什么样子。

我们常说绘画之类是创造性的活动，这是什么意思呢？挖土方，你也可能发明一种新方法，从而提高了挖土方的效率，下围棋，你也可能发明一种新的布局法，为什么我们格外突出绘画之类的创造性？挖土方、围棋布局上的创新是技法上的创新，不改变这些活动的目的——无论这个目的是外在目的还是内置目的。艺术活动的创造性却不止是技法上的，绘画的目的本身随着绘画活动不断改变。若把表现美这样笼统的东西说成是画画的目的，那么，你用古埃及人的方式画，用拉斐尔的方式画，用梵高的方式画，所表现的"美"会随着这些不同绘画方式改变，或者说，它们表现着不同种类的"美"。莫奈画得比库尔贝更好吗？莫奈创造了一种新画法，绘画的一种新的可能性，使得画画这种活动更丰富了。也可以这样说：一幅出类拔萃的画作有可能不仅让我们看到了某些新东西，它通过这些东西改变了我们看待事物的眼光。画出一幅新的画还说不上是什么创新，这里，创造性大致是说改变了我们看待事物的眼光。

在亚里士多德的三分法框架里，实践活动不同于制作活动，"制作有自身之外的目标；而实践活动没有这样的目标，它的目标就是行动的善好本身"。（*NE*，1140b7）我会把这一点说得缓和些：实践活动的目的无法完全独立于实践活动本身加以界定，在极端情况下，"良好的实践本身就是目的"。

无论画画有什么目的、什么效用，这些目的和效用都不能完全束缚画画这种活动。绘画实践本身不断重新定义绘画的目的和效用。绘画活动从而形成了一个多多少少自主自治的传统。一串前后相续的活动和事件还不足以构成传统，"传统"总是指某种自主自治的发展。但若一种活动完全由这种活动之外的目的所规定，它当然就不是自主活动。

艺术和学术坚持其自主性，有利于抵御政治和商业的侵蚀，甚至有人为此主张为艺术而艺术，为学术而学术。艺术家用"为艺术而艺术"这样的口号来抵抗政治的或商业的外部要求，捍卫艺术的自治。不过，如果我们脱开具体情势，把"为艺术而艺术"这个主张当作对艺术活动的全面刻画，我们就会被误导，仿佛艺术当真是像下棋打网球那样完全自主的纯粹游戏。并非如此，艺术通常有艺术之外的效用。当然，艺术有很多层级，有的艺术家，"艺术家的艺术家"，他们似乎是在为众多艺术家做示范，更接近"为艺术而艺术"，而有的作品则接近于直接取效。只是，无论艺术作品有什么实际效用，如果效用变成了指令，压制了艺术家的创造性，艺术就完蛋了。一幅宣传画、一个广告，若要有好效用，也必须尊重作者的创造性。

  一个实践传统多多少少是自主自治的，它却不是自闭的。一幅画好不好，固然不只在于受众喜欢不喜欢，但若全不顾受众的感知，艺术品评就变成业内人的自说自话。从实践者方面说，你投入一项实践，原不只是为了取效，你好之乐之，但若我们把业行之外的社会整个排除在外，这种乐趣会退化成为小圈子的自娱自乐，乃至退化成一种接近于吸食麻醉品的乐趣。传统的自闭还可能产生更恶性的社会后果。师徒相传的潜移默化可能变成贬义上的潜规则。前面引用过贾德森，他一方面指出自治自律有助于防止造假，但他也发现，造假"特别容易产生于一些宣称实行自治、自律的体制或职业之中"。[①] 过度强势的传统会把门槛变成壁垒。美国医学会在维护医疗传统方面功绩卓著，例如它保障了从业医师的水准，但它同时也是个利益集团，不遗余力地维护美国医生畸高的收入水准。

  如前面曾说到，每一业行的道理都与其他一些业行的道理相通。据说，圣人治病，"必知天地阴阳，四时经纪，五脏六腑，雌雄表里"，《黄帝内经》说是本医书，四时五行无所不论。现在，医学近与生理学、远与 X 光学交织在一起，医疗大与环境保护小与个人清洁卫生交织在一起。实践活动不是游戏，它有取效的一面，你做得好不好，不能单由业内人来评判，也要看受众是否受益是否喜欢。一种实践活动有它自己突出德性，然而，没有哪种德性单属于一个业行。

[①] 霍勒斯·弗里兰·贾德森，《大背叛：科学中的欺诈》，张铁梅、徐国强译，三联书店，2011 年，18 页。

§6 行医也并非尽于取效

艺术比较靠近游戏，艺术这个业行之具有自主自治相当明显。不过，即使像行医和战争这样注重取效的活动也是多多少少自主自治的。兵以胜为功，而且，战争是极为残酷的人类活动，但战争仍然有它自己一套不能完全由胜败评价的规范，此即所谓"武德"，如禁暴、戢兵、安民。也许"未有如宋襄公之欺于后世者也"，也许待其已陈是"蠢猪式的仁义道德"，但不鼓不成列、不重伤、不禽二毛大概从前是打仗的规矩，只是到了泓水之战那个时期，这些"古例"已开始瓦解。败军之将何敢言勇，但我们也看到在南北战争之后、在日本海大海战之后，得胜一方向败军的统帅致敬。这些也许都是过时的贵族遗风吧，但即使今天，不宣而战、使用化学武器、杀降、杀害平民尤其杀害妇孺，这些"不择手段"的做法仍然会让为战者遭受更多谴责。这些也把战争与恐怖袭击区分开来。古人既然有武德的观念，于是也有"胜之不武"的说法，这观念并没有完全消失，只不过今人更多用明文订立条约法规来代替惯习。

跟画画相比，行医是更加明显取效的活动，离开游戏很远。[①] 行医显然不是只有内置目的的游戏，医生并非只关注行医的过程。行医是手段，目的在于治病救人，或造就最广义的健康。"为艺术而艺术"，不管你是否赞同，这话你能听懂，却

[①] 为了说明我想说明的，下面的议论常以中医这样的传统医学为例。我对中医以及医学了解不多，好在我并不是要讲医学，只是用它来举例，涉及的是些常识，应不至于太离谱。

从没听说过"为行医而行医"。

何为健康，怎么就叫有病，在很大程度上我们普通人都知道，而不是非由医学来定义不可；就此而言，医疗是为了医疗之外的目的服务的。不过，医疗的目的或"何为健康"不仅随着其他社会观念改变，它也随着医疗自身的发展改变。营养不良（维生素的发明）、整容整形、器官移植、变性、试管婴儿，一样一样纳入了医疗范围之内。"心理健康"也是一个突出的例子。

行医虽然明显是取效的活动，但像大多数人类活动一样，行医的效果不是单义的，不限于正确诊治这个单一目的。我上医院是为了治病，医生好不好，要看他是不是把我的病治好了。但这不是整个故事。大家知道，现在抱怨最多的不是治疗效果，而是抱怨看病难看病贵。你拉稀，他验血验尿然后五脏做了B超，脑部做了CT，折腾好几天，花了万儿八千，拉稀治好了，或还没开始治就好了。高干病房的医生，也许完全不用考虑医疗费用，但我想象过去的郎中，他考虑你花多少钱并不亚于考虑你的病能不能治好。病人家财万贯还是一贫如洗？——《黄帝内经》有言："贵贱贫富，各异品理。"郎中大概不能让你倾家荡产治好脚气。有一种药治疗脚气更有效，但十分昂贵，我们多半不会去用它，实际上，由于很少有机会使用这种药，它不大可能被找到，找到了也很容易失传。

买点儿什么花多少钱合适，这当然不限于求医治病，但在治病这事儿上更加突出。病来如山倒，我们平常买东西则比较从容；个体健康的"价格"极难衡量，不像平常买东西可以货比三家；治疗的效果尚在未定之天，不像买橘子可以先尝一尝，该怎么治病，多半只能依赖大夫的判断，而病人和大夫几乎永远处于信息不对称的情势。

回过头来单说治疗效果，它也不等于治愈率。一位名医，很多疑难杂症来求医，病危病重的来求医，就算他神，他的治愈率也比不过一个治疗普通感冒拉稀的郎中。治疗效果还牵涉到其他很多事情。尽量保住乳腺癌患者的乳房，是不是疗效的一部分？该冒致死之险把一个病人治愈还是取"保守疗法"听任病人落个终身残疾？为此还得考虑病人是老人还是少年，而不能"见病不见人"——折腾个天翻地覆，把个风烛残年身上的某种病根除了，有啥意义？

除了治疗，还有与病人的沟通。求医，不止是有了病想把病治好，经常，求医人想了解自己有没有病，这病有多要紧，都有哪些治疗或控制办法，或泛泛想了解跟某种身体不适相关的一般情况。我这里那里不舒服，不一定算得病，需要的不是治疗，而是依照良好的建议调整自己的生活习惯。得了小病，也许我用不着理睬它。严重些的病，我想知道治好这病麻烦不麻烦，要花多少钱。要命的病呢？不一定治得了，我最关心的也不一定是怎么千方百计治好这病，而是自己走前还有多久，还来得及安排点儿什么。不少时候，病人想知道这些的愿望并不亚于把病治好的愿望。这些，从前比现在更突出些——我甚至猜想，无论得个大病小病，都要玩了命把它治好，这是相当晚近的习俗，由患者、医生、医疗制度合力造成，在现代医院里，医学能做到什么医生就去做什么，这倒有点儿"为行医而行医"的意思。一位医生自问："生命不息治疗不止，让人心生几分沮丧，治疗有何意义？"

行医是跟人打交道的。医学史专家张大庆引用西人所云"Medicine is an art"之后说:"请注意,这里用的是 art,而不用 skill 或 craft,它(行医)是需要用心和用情的,而不只是简单地靠技巧。"[①] 跟画画相比,行医的确十分靠近取效一端,但它在很大程度上仍然是一种艺术。让患者了解他的身体和疾病,利用自己的专业知识和行医经验帮助患者以更加合情合理的方式对待疾病,这些也该是行医的一部分。一位名叫特鲁多的美国医生,他的墓志铭是"To cure sometimes, to relieve often, to comfort always"(有时去治愈;经常去减轻;总是去慰藉)。从反面说,医生那份冷漠,那份不耐烦,那份字迹古怪的诊断书,可没少让患者抱怨。刚刚写到这里,从一份报纸上读到名医顾晋在全国人大上的讲话,说是"80%的医患纠纷,不是医疗差错,而是沟通问题",他接着说,"我的经验是,做医生,很多时候情商比智商重要"。从狭义的疗效着眼,现代医疗的确进步很大,但在与病人沟通等不少方面,恐怕没多少进步,说不定还不如从前。

[①] 张大庆,《医学史十五讲》,北京大学出版社,2007年,4页。

§7 德与才

治病当然是个技术活儿，但行医不仅要靠医术，同样要靠医德。贫富患者一视同仁，减轻患者痛苦，尽量保持患者的生存质量，保护患者的隐私，维护患者的尊严，这些都要求医生有德，更不用说不用假药和多余的药、不侵犯患者这些更基本的要求。流传千古的希波克拉底誓言，全篇所涉都是医德。

这里还不是泛泛谈论有德，医生需具备特有的德性。我们都知道，一个行当有一个行当特需的才能，但说到德性，今人广受普遍主义影响，似乎所有人都应该具备同样的德性。这显然不合于我们实际生活中的感知。粗说，每个业行有它突出的德性。政治家需要大度，俗话说"宰相肚里能撑船"。学问家需要自甘寂寞。说得远一点儿，盗亦有道。冷兵器时代的战士，他的首要德性当然是勇敢。相较之下，医生更应具备的德性是富有同情心、冷静和审慎，这还包括，富有同情心与冷静审慎的相当困难的结合。

当然不是说，每个业行各自封闭，它们各自的德性不相通融。相反，没有哪种德性单属于一个业行。有些业行，就它们所需要的德性而言，比较接近，优秀的将军、政治家、企业家身上有很多相近的品质，优秀的学者有几分像修行人。皮埃尔·阿多（Pierre Hadot）在谈到古代哲学家的时候说，"在世俗哲学生活和僧侣主义生活之间，最终有许多类似"，古代哲学家一旦选择了哲学生活，他们就一定要"改变自己在世俗中的方方面面的行为举止;而且在一定意义上,使自己与尘世分开"。① 阿多谈论的是古代哲学家,但若今天还有哲学家,想来也仍然会是那样。有些德性几乎遍布所有业行,最突出的例子,勇敢——人们自古以来把勇敢视作"通行的美德"。举报不法者多半需要勇气,有些政治决断更需要勇气,即使从事学术,也需要"追求真理的勇气"——维特根斯坦甚至说:"天才在于才能中有种勇气。"② 不过,勇敢在不同业行有不同的分量。在某种延伸的意义上,医生也需要勇敢,但它在行医这个业行里不像同情、冷静、审慎那样突出。从反面说,贪婪在哪里都是恶品,但比起商人,医生身上更容它不得——在突来的寒天里把柴煤的价格抬到最高价位固然可恨,医生若乘病人之危把医药费用抬到最高限度,那真正是丧尽天良了。

在一个目标单一的活动中,从事者只要技能高明就能胜出,但在多数人类活动中,优异的成就既依赖特定的才能也依赖特定的德性。双方格斗,当然要看谁技高一筹,但勇气也是制胜的因素,甚至有"两军相逢勇者胜"的俗语。才与德还在更深一层上难解难分:出色的格斗技能一开始就跟勇敢连在一起——一个懦夫学不到高超的格斗技巧,就像心浮气躁之人做不出好学问。更宽泛说,要在一个业行达至优异,他必定要热爱这个业行——这个业行引发他的热情,调动着他的心智。虽然我们不愿把才与德混为一谈,但在相当程度上,在一位优秀的从业者那里,他的优异技术跟他的性情和品德连在一起,跟

---

① 皮埃尔·阿多,《古代哲学的智慧》,张宪译,上海译文出版社,2012 年,268 页。
② Wittgenstein, *Vermischte Bemerkungen*, Suhrkamp, 1994, p. 82.

他整个的人连在一起。画出好画，不只依赖良好的绘画技巧，并且依赖于画家的气度、见识、一般的感受力等等，此陆游所谓：汝果欲学诗，功夫在诗外。

原始技能更明显地与整个人的品性连在一起，arete 这个古希腊词不分才与德，意思就是卓尔不群的才德。① 到希腊古典时代，哲人们开始注重德性与才能的区分。在中国，这种区分尤其体现于德性之知/见闻之知的两分。这对两分倾向于把道德领域从其他人类活动中隔离开来，并彰显德性之知高于见闻之知。对这一取向，许倬云曾提出这样的批评：中国传统所称的知识系统，"是德性的知识，讨论人与人关系之知识，而非解决自然现象及人间现象的知识"，而忽略自然现象及人间现象的知识，是中国文明成问题的一个方面。② 我觉得这实是一个中肯的批评。才能之可嘉，当然不亚于德性。一个医生如果没有高明的医术，有再多德性之知也无济于事——你在旅行中因车祸受伤，愿意身边有个没啥见闻之知因而手足无措的老好人呢还是一个不以德性见长却颇通救护之道的人？还有，按照宋明理学内圣外王的思路，我们可以从德性之知开出见闻之知。具体怎么个开法，不大清楚，反正此后一千多年的历史中，终究没谁开出这个外王。

西方思想也越来越倾向于把才能与德性区分开来，乃至到康德那里，两者成为完全分离的畛域。休谟断言，在所有的伦理学体系中，自然能力和道德美质的区分比任何其他区分都更

---

① 近年来，中国的读书人对 arete 开始有较多了解，发现把它译作美德、德性、道德有偏颇，更多译作卓越、优秀等。
② 许倬云，《中国文化与世界文化》，贵州人民出版社，1991 年，184 页。

加常见。休谟本人颇不情愿接受才能低于德性的主张，他认为，无论就原因还是就效果来说，两者都具有同样的地位。实际上，他不赞同把才德区分得太清楚，并提出了一些很好的观察，例如，才能给予我们称之为德性者以某种新的光辉。立法者与道德家关注的是怎样调节那些自愿的行为，他们因此倾向于把才与德加以区分，他们的立论并不能恰当地反映我们在日常世界中是怎样看待德与才的。①

才德的区分，当然不只是思想家空想出来的，社会的演进倾向于把技术从整体活动中独立出来，以便尽量脱离开这个那个具体的个人以固定程序来教授技术，施展技术。医疗拆分成多个部门，随着专业化程度的提高，技术的学习和实施最大程度与从业人的性情和品德隔离开来。发明了热兵器以后，战斗可以交给经过集体机械训练的雇佣兵来进行，集勇气、品性、技能于一身的骑士渐渐变得无足轻重。今天的战争胜负更多由远程电子控制的武器决定，由单纯的技术优势决定，只零零星星或在延伸的意义上需要勇气，更别说其他的人类活动了，勇敢这种通行的美德不再具有它往日的荣耀。修道式的武功只还保留在武侠小说里面，作为对逝去时代的缅怀。

吊诡之处在于，在德与才分离的漫长历史中，一方面是技术在实际生活中起到越来越重要的作用，另一方面是道德在意识形态中获得越来越显赫的地位。在中国，两千多年，除了曹操这样罕见的例外，统治者一直提倡以德治国。这种主流意识形态之虚假一望而知。统治阶级的虚假道德主义也渗入民众的

---

① 休谟，《人性论》，关文运译，郑之骧校，商务印书馆，1980年，650—653页。

头脑，形成了一套不切实际的道德理念。我相信对这一现象做一番分析会极富意趣，可惜这个任务过于艰巨，不是本书所敢尝试。

§8 内向效用

本章从游戏和单纯取效这两个极端说起，只是为了设置一个坐标，以便更真切地透视人类实际活动的复杂内容。大多数的人类活动却非此非彼既此既彼——小到烤面包大到战争与政治，简直没有什么活动只是为了实现一个外在目的。实践活动的目的本身受到实践方式的调整，没有"为了目的可以不择手段"一说。一套政治活动的方式形成了一个政治传统，无论一开始所设立的政治目标是什么，它最后更多地要由其实践方式及其传统来定义。

人类活动有些靠近纯粹取效一端，有些靠近游戏一端。各种各样的绘画，取效的程度不同，但笼统说来，绘画，以及其他艺术，比较靠近游戏一端——实际上我们常把艺术说成游戏，然而，如前辨析，艺术也有功效。另一些活动，比如行医，则靠近取效一端，虽然它也并不单纯在于取效。这里所说的功效，指的是一种活动为这种活动之外的某个目的服务的效用，例如用绘画来教化信徒，进行政治宣传，为风衣做广告。但在这类效用之外，一幅画还可能起到另一种作用，即为绘画这种活动本身的发展做出贡献。为了醒目对照，我将用"外向效用/内向效用"这组笨拙的表达式来标识上述区别。

一幅画起到了宣传作用、广告作用，或更一般说，一幅画画出来，观众爱看，这些是这幅画的外向效用。有的画不仅我们街上的人爱看，内行也认，还有的画，我们外行没看出什么名堂，业内人士倒赞不绝口。一首好曲子，音乐家听到，比我们大众更兴奋，一幅好画，画家看到，比我们更兴奋。因为它为音乐或绘画这个行当做出了贡献。画画的人更懂画，看见好画忍不住欣喜——哪怕心里杂有点儿羡慕嫉妒。他除了像我们一样为好作品欣喜，他还可以从优秀的画作学到东西，拓展眼界。好画多了，绘画的一般水准得以提升，整个画界繁荣起来，画画这个行当变得意趣充盈、生气勃勃，这个行当连同画家整体受到尊重。这些都是绘画的内向效用。想想唐朝的诗歌，维也纳三杰时期的音乐，乾嘉时期的朴学。要是东一个展览西一个展览展出的都是垃圾，宁不让绘画行当中人丧气？最后，他出门都不愿说自己是画画的了。

与绘画相比，医疗的外向效用更为突出，但医疗也有内向效用。医疗不只遵行程式，医疗过程中时时需要新判断；好医生不仅要有好技术，还要有医德；他行医不只是为了挣钱，行医这种活动本身给他带来生命的意义。一位医生品行高尚，知识渊博，论理通达，这些不一定如数反映在他的疗效上，但对医疗这个业行本身却有促进提高之功。这些不仅影响我们对这位医生的评价，也影响我们对医疗这个业行的感知。

上文曾经把扛麻袋、烤面包、买彩票这一大类活动视作纯粹取效的活动，其实，即使这类活动，也未必只有外向效用，参与者也未必全不在乎这些活动的过程本身，他们甚至要把扛麻袋、烤面包这些活动玩出花样来。买彩票是为了撞大运赢大奖，这个目的是个外在目的，你要是不许他买彩票而把大奖给他，他多半不会反对，即使如此，恐怕也不能否认，买了彩票等候开奖的那份心情对他也很重要。我们说面包师傅起早烤面包是为了自利，这只是一种简化的说法。他和妻子一道起早，一个生火,一个和面,这边尚未忙停当,妻子去叫起孩子吃早饭上学堂,顾客登门,有路人,也有熟人,一边付款一边打招呼。有个老顾客今天得空,要了面包牛奶坐到柜台边的小桌上,聊聊天气、邻居、政治。烤面包卖面包不仅是面包师傅挣钱得利的手段,也是他的生活,这种生活中除了挣钱,还有很多别的内容。这些内容中最重要的是,他不是在卖黑心馒头,他是在做一件有益于他人的事情。我们各个一心为自己谋利,不仅无法造就一个幸福社会,甚至很难为我们自己带来幸福。

在一个更重要的意义上,上述活动并非只在于取效。的确,挖土方的壮工通常对挖出这条沟这些坑具体是干什么用的并不关心,然而,他也并非完全不在意他做的事情有没有意义。陀思妥耶夫斯基回忆在沙俄劳动营里,他们这些牢犯被命令挖坑挖沟,挖好以后,被命令把它们填平。他评注说,这对牢犯们是最残酷的折磨,意志稍脆弱的牢犯因此而崩溃。我糊火柴盒,我平常的确只关心糊出了多少个,挣来多少微不足道的工钱,但若每一次工头付完钱都当着我的面把这些火柴盒踩个稀烂,我会怎么感觉?弄不好我会发疯。我们都在不同程度上希望把自己正在做的事情做好。莱维描述他在法西斯集中营中的苦难经历时说道:"'做好工作'的雄心壮志如此深深地植根于我们内心,从而迫使我们甚至要把敌人的工作'做好'。"[1] 这有一点儿黑色幽默,然而,不管背后还有多少复杂的因素需要考虑,敬职敬业本身是可敬的。

陀思妥耶夫斯基讲的那段经历提醒我们,尽管亚当·斯密

---

[1] 普里莫·莱维,《被淹没和被拯救的》,杨晨光译,上海三联书店,2013年,135页。

的面包师傅贪黑起早并非出自利他之心，只是非此不能挣他自己那份生活，但他所做的是件有益的事情，这一点笼笼统统还是在支持他的劳动。明面上，我们只关心自己能拿到多少，然而，知道自己做的事情有什么益处却在深处赋予劳作以意义。恐怕需要某种异常的禀赋，才能做到只管自己拿到什么，完全不在乎自己所做的事情有没有益处；只不过，我们平时不必多关心那个，既然顾客肯付钱给我，我做的事情自然有正常的用处。

　　过去，劳动者大多知道他所做的事情有什么用处。自耕农播种、修犁、挖沟、砌墙，他无论做什么事情，都了解这个活计要达成什么目的，他差不多总是全程把手头的活计一直做到最终结果，因此也能从最终结果来了解自己做得好不好。现在不再如此，人所周知，现代劳动的一个特点是尽量把各种任务分割成独立的环节以提高劳动生产率。分工越细，每个环节上的劳动者就越不了解这个活计本身的意义。流水线上的工人一眼望不到眼下所做的事情的"客观目的"。甚至脑力劳动者也是这样。实验室里的工作人员可能只知道操作一个实验程序，不大了解最终实验结果是怎样得出的，更不了解这个结果有什么意义。哲学从业者费尽心思去表明他读到的一个论证有个缺陷，不再那么关心那个论证以及自己的工作的思想性。还好他仍然笼笼统统相信他所做的事情是有益的，而这种信念也笼笼统统地支持他的劳动。然而，具体的了解转变成了笼统的信念，而这个笼统的信念更需要与社会良序的信念相互扶植——若这个社会是个合理的社会，那么，虽然我不能直接看到我的劳作带来了什么有益的结果，但既然这个社会设置了我的工作岗位，想必我的劳作对社会有益。只不过，过去那些看得见摸得着的劳动结果，那种因此可以直接感知的意义，转变成笼笼统统的信念，而这种信念又在很大程度上依赖于对社会合理性的信念。现代人所谓意义流失的感觉，多多少少跟这种变化有关——前近代的人们，可能缺衣少食，但不大缺意义，相反，我们这个时代，什么都不缺，却常感到意义在流失。

麦金太尔把从业者的收益分成"外在收益"和"内在收益"，[1] 我们可以联系于外向效用/内向效用来理解他的这一区分。画家可以靠他的画获得财富、社会地位、权力等等，这些是外在收益，此外，画家还可能获得另一类型的收益：同行的赞誉，因为对创造、维护、发展绘画这一传统带来的满足感。更深一层的"内在收益"，是他的创造性使他的劳作充满深刻的乐趣，他在绘画上的成就充实了他的生命意义。以行医为志业，救死扶伤，这份功德本身就是医生的回报，就使他的生命充实着意义。此古人所谓"外得于人，内得于己"。这种乐趣，这种意义，我们局外人最多有点儿模模糊糊的感觉，他本人之外，只有同行中的知音和后学才能较为切实地领会。[2]

从业者的外在收益更多与他的工作所产生的外向效用相连，其工作的内向效用却也通过曲曲折折的联系提高他的外在收益，画出好画的画家通常比糟糕的画家卖得更贵，得到更大的社会名声。我们本来是在一个特定的业行中锻炼和施展自己

---

[1] "内在益品"的集中讨论见麦金太尔，《追寻美德》，宋继杰译，译林出版社，2003年，238—242页。
[2] 功效主义的视野里却没有内向效用，由于脱开了各种业行来谈论功效，它只见外向功效和外在利益。

的潜能，也通过一个特定的业行获取社会的回报。从业者的外在收益与特定业行的繁荣休戚与共，要在一个人才济济的业行中臻于优秀，这要求从业者更其极致地锻炼和展现他的才德，同时，业行的繁荣将给他带来更丰厚的回报。从业者确乎会（自觉不自觉地）创造、维护、发展自己所在的业行，业内人乃至业外人也把这些视作不言而喻的责任，轻蔑那些未能产生内向效用而一味追求外在收益的从业者。

不过，内向效用并不总按比例带来外在收益，就像德性并不总按比例带来"好处"。在不健康的社会环境里，内向效用甚至根本得不到外在收益，久而久之，绝大多数从业者会放弃为提升自己的业行而努力，一味追求外向效用，当今中国的"学术界"为此提供了极佳的脚注。

我们还可以从外向效用和内向效用来看待专业和普及。艺术、学术等活动产生出来的成果，可以粗分成两类，一类我们称作"普及"，它有益于这个门类之外的受众，另一类则旨在促进这种活动自身的发展。我读过点儿历史，长途旅行时给身边的少年讲讲中国通史欧洲通史什么的。我不会把这些东西整理出来试投历史学刊物，我知道，虽然同行的少年学到了不少东西，这些东西对历史学刊物的读者却完全不是什么新东西。我们外行爱读的是比较宏观的故事性比较强的历史叙事，历史学考古学杂志上刊出的很多文章我们不爱读或干脆读不了，花了好大力气去考证藏文中的 chol kha 是不是蒙古语借词，考证一份下署"毛泽东 10 月 2 日"的电报是否发了出去，这些考证对我们太过繁琐，但它们恰恰是专业里面的"知识增量"，有时对相关领域的研究有牵一发而动千钧之用。当然，"知识增量"这个用语有点儿窄，一个新观点、一个新视角，不一定是新知识，却也是"新知"，其促进一个专业的发展，贡献有时更大。"艺术家的艺术家"、"哲学家的哲学家"，他们未必是我们外行最能由之受益的创造者。

与此相应，我们不能只从外向效用来评价一项工作或一位从业者。优秀的才德在很大程度上是通过一个特定的业行展现出来的，从业者是否优秀在很大程度上要由业内人来评价。至于在何种程度上如此，则随其工作的性质而定，例如，从前的绘画，很多与建筑合为一体，或具有明确的训诫功效等等，普通受众对绘画的品质有更多的发言权。近世以来，画家不再那么在意为普通受众画画而更在意"为美术史"作画，绘画的评价于是与普通受众不再有很大关系，成为画界业内人、美术史家、拍卖行行家等内部人士的业内之事。前面已经讲到过，虽然艺术和学术须在一定程度上坚持其自主性，但一个业行的自我封闭却不是一件好事。

§9 学医是为了悬壶济世吗？

昆德拉的小说《身份》里，主人公马克是个理想主义者，中学毕业的时候，他把所有职业想了一遍，发现当医生最为利他，他就报考了医学院。治病救人、救死扶伤的确挺高尚的，我们常把医生这个职业说成"崇高的职业"。上世纪初，不少仁人志士都是把自己的职业选择跟中国的前途连在一起，有因此学医的，有因此学农的，有因此投身文学的；鲁迅一开始学医，后来他发现治疗人的身体不如治疗人的灵魂更重要，改事文学了。想想现在，你可能纯粹出于一己的兴趣选择了写小说，可能是因为医生挣钱多选择了学医，好生惭愧。

行医的目的是什么？可以说是治病救人吧。要是有个医生说他的目的是挣钱，你会不会觉得他有点儿鄙俗，甚至恶劣？然而，一个壮工挖土方，为了挣点儿钱，他鄙俗或恶劣吗？也许恰因为医生这个职业格外崇高，为挣钱去学医就鄙俗甚至恶劣？

医生这个职业为什么格外崇高呢？治病救人的确是件很重要的事儿，但种粮食、做衣服、盖房子不重要吗？的确，每一个行当都需要特有才能和品德，种庄稼有种庄稼的技能，还得勤劳任苦，但行医不止于此。行医的技能一层一层，没有止境，神医妙手回春，简直有再造生命的神奇。而且，行医还需要某些特殊的品德。

医生的确是个崇高的职业。但我们不见得因为它崇高就决定投身其中。的确有马克那样的青年，从理想出发走上一条道路，但多数人未必如此——在昆德拉的这部小说里，马克也只是走上这条道路，他并没有走下去。① 想想我们自己和身边的人，怎么一来就成了农民、建筑工人、医生、画家、官员？我成了郎中，可能是我生在中医世家，可能我叔叔是郎中，看我聪明可教把我带在身边，可能有位神医治好了我少年时的一种怪病，也可能有个庸医治死了父亲，例如鲁迅。当然也可能，我琢磨着当医生挣钱多。

不管行医多高尚多重要，不管你是不是出于崇高理想当了郎中，你毕竟在靠行医这个业行养家糊口。你可以默默无闻在内蒙古种了好多树，你可以加入了博济会做半年义工，但我们通常得养家糊口。你得会干点儿什么，长大了才能养家糊口，而从前，最现成的路子是"子承父业"，你从小看着爸爸诊治病人，你熟悉药材。我入了这行你入了那行，本来多半是因缘不同。行医，从军，或从事地质学、文学、电子商务，我可能被抛入其中，被安排到其中，我可能受到吸引，受到感召。当然，也可能那是经过考虑的选择。现代以来，选择成为人生的关键词。这是与现代整体观念配套的一个字眼，刻画出现代人生活的一个重要维度。然而，即使现代人进入了这个业行而不是那个业行，更多基于考虑和选择，但考虑和选择仍是伴随着出身、禀赋、感召等等做出的。就具体的个人而言，选择项并非在时空上并列摆在那里。我倒是知道跟政府联手开发房地产利益最大，我听说飞行员转个会就几百万，但我从来没想过往

---

① 当尼采说他对人们所谓的"理想"充满怀疑和恶意，他大概也想到了这些。参见尼采，《1887—1889 年遗稿》，孙周兴译，商务印书馆，2010 年，68—69 页。

那个方向去把利益最大化,因为它跟我哪儿都沾不上。这在传统社会里更明显一点儿,那时候,利益更明显地跟具体的人的具体身世连在一起。

人生不是股票市场,可以站在它外面来权衡得失。通常,我们并非先考虑哪个业行能让我利益最大化然后去选择它,同样,我们也不是先考虑哪个业行能实现最高的理想然后去选择它。无论理想还是利益,都离不开一个人的具体环境,包括他心仪的生活典范和他自己的禀赋。我从小学起跑步在班里最后一名,我多半不会以刘翔为楷模,非要干飞人这一行。即使我像鲁迅似的一心爱国,而且认为要救这个民族最重要的是文学,我若并不爱好文学,若无文学禀赋,我也不会想到去写小说诗歌救国。我们谈论理想与现实,说不能停留在理想上,要化理想为行动,这话当然没什么错,但我想补一句,我们并不是先有个与自己的现实无关的理想,然后面对一个与理想无关的现实,我们生长在相当具体的现实里,理想一开始就是在这个现实里呈现的。

黑格尔那时代,老年人还常老气横秋地训导年轻人,他说青年人抽象——黑格尔把"抽象"视作缺陷,这我很同意。的确,年轻人没做过什么事,他的远大怀抱,他的高扬理想,难免有点儿飘。不过,青年的理想有点儿飘扬不仅是正常的,甚至是可喜的。青年学子聚在一起,指点江山,一派以天下为己任的劲头,其中不乏昂扬的意气——这种昂扬的意气使得他们的理想不那么抽象。毕业十年以后,同学重聚,若各个一事无成,仍然在那里高谈阔论国家大事,人类前景,旁听者难免有点儿疑惑起来。我们要的是那种能一步步引导你把自己的事情做好的理想。是啊，人到中年还停留在年轻时代的理想方式上，人就变得抽象了。一伙儿退休老头儿每天议论政治局的人事布局，议论怎么为改革做顶层设计，哦哦，那无非是街头下棋之余的另一种消遣。

我们在成长和为事的过程中变得具体。你是否成为一个好医生，跟你一开始是跟着郎中爸爸学一门养家糊口的本事还是一开始抱着悬壶济世的崇高理想没多大关系，要紧的是你踏踏实实要把这门本事学好，在实践中一点一点深入体会行医的特殊技能和品德。行医这个业行比你的动机包含着更实实在在的理想。学医行医的漫长岁月里，我们多半时候想的不是怎么悬壶济世，而是学习枯燥的生化学，记住成百上千种药物的名称和成分，一遍一遍重复这种那种操作程序。但也正是这些本领和操作在治病救人，而不是你悬壶济世的理想。糟糕的是，这些知识、技术、规程，你并不能区分其中哪些与你的理想联系紧密，哪些关系不大。你从政，你不是每天想着怎么落实理想，而是想着去处理那些日复一日的事务，或怎么处置火烧眉毛的意外事件。无论你一开始怀抱怎样的理想，它都无法原封不动体现在这些实际工作之中。理想不仅变得具体而微，而且一定经历了这样那样的变形。实践的目的不在手段之外——这样从政，成就的是这样的政治目的，那样从政，成就的是那样的政治目的。

实践对理想的这种约束力量同时也是实践的危险所在。我们当年的同学，有的后来投身政治这个行当；当年谁不是抱着经世济民的理想？后来呢？冯友兰从手段—目的来谈论这里可能发生的情况，他说一个目的可以是另一个目的的手段，比如做官的目的是改良政治，然而，"在人事方面，这有时是很危险的事"，"若千方百计运动去做官，久而久之，也许会忘记改良政治而以做官本身为目标"。[①] 这里的确有一种我们都知道的危险，但这样来刻画这种危险稍嫌简单，仍把目的手段视作互相外在的东西。实际上，很少有谁像葛朗台为攒钱而攒钱那样把做官本身作为目标。且不去说那些一开始就为了去搜刮民脂民膏做官的贼人——他们倒是不会异化，只说那些一开始为了改良政治才去做官的，真正的麻烦差不多总是在于，你一开始怀抱的那个理想本来只是个抽象的理想，只要去做事，你就不能停留在这种抽象性上。或者反过来说，你最初设想的现实也颇为抽象。目的或理想面对的并非一个泛泛的现实，你面对的是具体的制度、人际、规则、惯习。或好或坏，你最后做成的事情不可能像你一开始设想的那样子，你自己也不可能保持少年时候的那个样子——待到你学会了把事情做成的时候，你的理想，连同你自己，无可逃避地被改变了。没有这些改变，你将一事无成。但这种改变是理想获得了具体的形态呢，抑或是理想逐渐湮灭？你最终做成的是什么呢？你自己最后变成了什么呢？绝不像比较一个完整的苹果和一个咬过一口的苹果那么清清楚楚。你很少戏剧性地面对你该坚持理想还是让理想破灭这样的大选择，你的改变发生在难以觉察的毫厘之间。

我还要加上说，做官的人，就像做别的事情的人一样，也要养家糊口。对他来说，从政这项活动也是赢取外在利益的途径。随着理想的形变，赢取外在利益的途径也发生形变，你赢

[①] 金岳霖，《论道》，商务印书馆，1987年，189页。

得更多的薪酬、权力、名望，是随着你理想的实现而来呢还是随着你理想的湮没而来？这个疑问，在艺术家和学术人那里更加明显，在艺术、学术这些领域获得成功的人士几乎时时要面对这个疑问。

这个疑问，笼统表达，就是：我该怎样生活？我该怎样生活这个问题不仅是人生道路之初的问题，更是贯穿人的一生的问题。这个问题，主要不是选择人生道路的问题，不是选对或选错人生道路的问题，而是行路的问题——知道自己在走什么路，知道这条路该怎么走：我们是否贴切着自己的真实天性行路。在最初"选择人生道路"的时候，没谁一开始通透了解自己的本性，了解周边环境并预见环境的变化。我们一开始不可能通透了解自己的本性，这不在于我们还不够聪明，而在于我们的本性在一开始不够具体，本性有待在盘根错节的实践中向我们逐渐清晰地显现。我们大概可以在这个意义上去理解歌德说他的浮士德是一系列越来越纯粹或纯洁（rein）的努力。我把这个纯粹或纯洁理解为：自身通透。我以为，这种自身通透是 phronesis 最核心的含义——洞明自己行在何处，浑然一体地洞明自己和自己所行之路，从而能贴切着自己的真实天性行路，把自己大致保持在天性所指的道路上。

其实，与其说行医实践"实现"了你的理想，毋宁说，你在行医的漫长岁月中找到理想。你一开始学医只是为了养家糊口，照样可能在长期的行医实践中成为"理想主义者"。一个女青年，爱好写作，强烈希望成名成家，某些机遇让她接触到南京大屠杀的历史，她觉出那是个极好的题材，到图书馆去搜集资料，到各地采访当事人，落笔写作。在这个过程中，她一步一步陷入历史的残酷、民族的苦难,她写出了一部震动世界的书,出了大名,同时,她变了个人,出名不再那么重要,重要的是真诚面对世界、真诚面对自己进行写作。才能、感受力、际遇,会把同样的动机引向很不一样的道路。你当然可能一开始为出名写作,后来一直为出名写作——果若如此,你多半写不出什么很好的作品,哦糟糕,你出名的机会恐怕也会少一点儿。

如果你做的事情值得赞扬,你出于个人的爱好这类"个人动机"来做它又有什么关系?我们何以其志为哉?朱瑞峰年复一年从事网络反腐,不断受到骚扰、威胁,我们旁观者也难免为他的人身安危担心——贪腐官员无所不用其极的案例已经出了不少。人家采访他,他却说,他就是喜爱做这事,即使他妻子为此跟他离婚他也不愿放弃。我们从事一个业行,很少能用非此即彼的简单动机来说明,这在很大程度上又是因为,动机通常无法与当事人的其他方面割离开来,无法跟他面对的特定现实割离开来。实际上,朱瑞峰的"个人兴趣"与他的拳拳报国之心交融难分。充满个人爱好来做一件事情,丝毫不减弱这件事情的"理想性"。套用夫子实实在在的说法,强为之者不如乐为之者。

§10 实践传统的式微

古人说道行之而成，鲁迅把它翻译成白话文：其实地上本没有路，走的人多了，也便成了路。以某种相似的方式来从事一类活动，做的人多了，形成了一个实践传统。艺术、文学、学术、行医、教育、科学活动，都是这样生长出来的传统。

我们进入某种业行，也就进入由前人造就的一种传统，从以前的实践者那里学习自己该怎么做，在这个传统中了解怎样算是把一件事情做得好。在技术时代之前，无论你最初抱有何等高远的理想，不能深切领会你所在传统，就将一事无成。在很大程度上，传统成为实然与应然的和合之所。

当然，传统不只是生长起来，各种传统都充满了传说和虚构，这些虚构成分在传承中又不断由权势阶层加以塑造。两千年把"三代之治"奉为王道政治的圭臬，但与其说王道是三代的历史总结，不如说是先秦圣贤用自己的政治理念塑造了三代——"孔子、墨子俱道尧舜，而取舍不同"；此后的岁月中"三代之治"不断修正，以适应帝王国家、士大夫立场在不同历史处境中的复杂变化。

我们所了解的各种实践传统是在轴心时代一一形成的。这些传统从来不是固定不变的，在传统之内不断产生对传统的批判与反抗，也不断出现传统的重新建构。而我们时代的情况则不同——据麦金太尔，到我们这个时代，所有的实践传统都在衰落乃至瓦解之中。这在某种意义上无疑是真的。海德格尔爱说重话，在他看来，所有实践传统"都已经瓦解完了"，以教育为例吧：教育已经是一个过去式，以后不再有教育。也许说得过激，但我们的确不妨从这个角度来反思各个实践传统，艺术、文学、学术，甚至医学、商业、政治。在语言的发展和转换那里，"传统的约束力是最为强大的，彼甚至似乎只为个人的创造留下一个非常微不足道的余地"，① 但随着文字时代的落幕和图像时代的到来，语言传统也露出了破败的迹象。

近代社会的很多因素促成传统的瓦解——泛商业化，科层官僚体制带来的行政统治，科学技术的发展，反权威与激进革命。在思想观念层面上，不能不提到启蒙运动。启蒙运动对传统的批判不同于传统内部连绵不断的对传统的批判——启蒙运动提出了与传统相分离的理性观念，因此，它对传统的质疑与批判是整体性的，从根本上动摇了"传统即应当"的观念。

传统的瓦解给现代社会带来很多困扰。其中突出的一种，就是人们常说的意义流失。不少论者曾指出意义流失与实践传统衰落之间的密切联系。昆德拉在《身份》里说，在过去的时代里，"生命的意义那时不是个问题，这种意义自然而然地跟人们在一起，在他们的作坊里，在他们的田野里。每一个职业都创造出了它的思维方式，它的存在方式。一个医生跟农民想的不一样，一个军人跟一个老师的举止不一样。"为什么处在实践传统之中，"生命的意义就不是个问题"呢？粗说，因为意义不是想出来的，不是论证出来的，而是被感受到的，通过生存和劳作的直接性感受到。在实践活动中，人的整个生存，

---

① 恩斯特·卡西尔，《人文科学的逻辑》，关子尹译，上海译文出版社，2004 年，182 页。

包括他的德性，跟他的劳作结合在一起，并通过他的劳作跟一个兴趣—劳作共同体结合在一起。而当传统瓦解，业行转变为职业，职业要求于个人的，不是他的整个的人，而是他在特定岗位上的效用。个人不再作为整体的人通过他所属的实践传统与社会相关联，他的性情、德性跟他的"效用"隔离开来，"生活的意义"渐渐成为一件主观的事情，而一旦意义成了主观的事情，就等于没有意义了。

传统的瓦解固然有可叹之处，但反观近代发展的历史，不难看到，科学技术的发展，工商业的发展，平民的兴起，这些导致传统衰败的事项，每一项都自有其情理。而且，传统的瓦解以及相伴而生的个人原子化过程，如伊格尔顿所言，"所有这些同时也是一次巨大的解放。"① 有些论者，如波斯纳，则为职业化——尤其是司法领域的职业化——取代行业传统，感到鼓舞。②

解放是连同意义的不确定性一起到来的，职业化是连同祛魅一起到来的，喜也罢，叹也罢，往者不追来者不拒是我们不得不采纳的态度。钟爱传统不一定意味着要努力回到过去，实际上，我们无法回到过去——除却其他种种，至少要考虑到现代化转型的每一步自有它的道理在。钟爱传统甚至也主要不在于努力搜求与总结传统的美点，构建关于传统的美好叙事。当人们把主要精力用于反思传统的美点以图弘扬，所显示的差不多是它已经成为一个死去的传统。一个充满活力的传统不在于

---

① 特里·伊格尔顿，《人生的意义》，朱新伟译，译林出版社，2012年，74页。
② 理查德·A.波斯纳，《道德和法律理论的疑问》，苏力译，中国政法大学出版社，2001年，第三章。

从它那里可以搜求多少美点,而在于它不断赋予承传者以力量,使他们能够以某种独特的方式来应对现实问题。中国被誉为诗歌的国度,但若当代中国诗人抱持诗经楚辞唐诗宋词却写不出优秀的当代诗歌,中国诗歌传统就是一个博物馆传统。华夏传统若真有生命力,它就要能让这个传统中人不断创造出优秀的当代诗歌、艺术、哲思,在各个领域中面对"共同问题"提出富有特色的方案,它们不必是压倒其他方案的最优方案,却为人类在地球村能够健康地共同生活所不可或缺。

第五章 知行关系

§1 知行合一

知行关系是伦理学的核心内容之一。中国传统思想，尤其儒家传统，特重知行关系的讨论，[1] 知行之中，则一向更重行。孔子曰："行有余力则以学文。"又曰："我欲载之空言，不如见之于行事之深切著明也。"（《史记·太史公自序》）荀子曰："知之不若行之。"许倬云总括说："由孔子以下，所讨论知识者均着重力行，即身体力行。"[2] 余英时也说，尽管在宋儒中，朱子最重视读书明理，却也说"读书只是第二义的事"。宋明儒家大多主张"知及之，仁不能守之，虽得之，必失之"。[3] 重行在道理上跟"知之匪艰行之维艰"的古训相连——既然行比知艰难，当然要把重点放在行上。近世多数论者继承重行的主导精神，梁漱溟、陶行知等学者，不止在从理论上继承重行的传统，而且积极投入现实，教育民众，改造社会。中国学者一面突出行的地位，一面批评西方哲学重知不重行。西方哲学是否重知不重行，说来话长，不过，的确，西方人自己也不少这样的批评，我们都知道马克思有句名言："哲学家只是在用不同的方式解释世界，而问题的关键在于改造世界"。

以上关于知行关系的说法都以知为先行为后，这也是常识的看法：我们先知道一个道理，然后应当努力实行之，例如，

---

[1] "以中国传统哲学中的儒家而言，知行之辨是其重要的哲学论题。"杨国荣，《伦理与存在：道德哲学研究》，上海人民出版社，2002年，157—158页。
[2] 许倬云，《中国文化与世界文化》，贵州人民出版社，1991年，184页。
[3] 余英时，《中国思想传统的现代诠释》，江苏人民出版社，1995年，36页。

我们懂得了马克思主义的道理，于是起来造反了。朱熹多强调知行相成，"涵养、穷索，二者不可废一，如车两轮，如鸟双翼"，① 但若分开来说，多半会持常识的看法，知先行后："万事皆在穷理后，经不正，理不明，看他如何履践？也只是空！""义理不明，如何履践？如人行路，不见便如何行？"朱熹又说："知行常相须，如目无足不行，足无目不见。论先后，知为先；论轻重，行为重。"这一段话虽然说到知行相需，但仍不改"知为先"。然而，汪德辅问"须是先知然后行"，朱熹又答说："不成未明理便都不持守了"。有时候，朱熹甚至像是在主张行先知后："若曰须待见得个道理然后去做，则利而行之，勉强而行之，功夫皆为无用矣"。

我们常常知道什么是善好却不能行，我知道慷慨是好的，却不改吝啬，知道受贿不对，来了贿赂却东张西望收下了，知道吸烟有害却怎么都戒除不了。知善而不能行是道德上的大弱点，因此，道德家反复强调知易行难，要求我们知行合一。然而，在有些哲学家那里，知行合一不仅是一种道德要求，更是一种"本体论刻画"。苏格拉底有"德性即知"的著名论断，照他的说法，没谁明知一事是恶而为之。中国传统中也有同样的提法，伊川说："知而不能行，只是知得浅……人为不善，只为不知，知之则至之。"（《二程遗书》卷十五）这种意义上的知行合一是王阳明的核心学说之一，他说："未有知而不行者，知而不行只是未知。"② 一旦明白了道理，没有不行的。他

---

① 《朱子语类》卷第九，以下朱熹引文均出自该篇。
② 《传习录》卷上，以下王阳明引文除另外注明者均出自该篇。

又说:"知者行之始,行者知之成。圣学只一个功夫,知行不可分作两事。"这些说法不只在劝勉人们言行一致或勇于实行所知的道德,而是主张:知行合一说的是知行原本就是一事;用王阳明的话说,他的知行合一说是从本体上或"体段"上起论:"某今说个知行合一……不是某凿空杜撰,知行本体原来如此"——

> 行之明觉精察处便是知,知之真切笃实处便是行。若行而不能明觉精察便是冥行,所以必须说个知。知而不能真切笃实,便是妄想,所以必须说个行。原来只是一个工夫。凡古人说行知,皆是就一个功夫上补偏救弊说,不似今人截然分作两件事做。如今说知行合一,虽亦是就今时补偏救弊说,然知行体段亦本来如是。(《传习录》卷中)

何以见得知行体段上本来合一?王阳明为此提供了一段重要的论证。徐爱对知行合一说疑问说:"如今人尽有知得父当孝兄当悌者,却不能孝不能悌,便是知与行分明是两件。"先生曰:

> 此已被私欲间断,不是知行本体。未有知而不行者,知而不行,只是不知。圣贤教人知行,正是要复那本体。故《大学》指个真知行与人看,说:如好好色,如恶恶臭。见好色属知,好好色属行。只见好色时已自好了,不是见后又立个心去好。闻恶臭属知,恶恶臭属行,只闻恶臭时已自恶了,不是闻后别立个心去恶。(《传习录》卷上)

在这段论证里，王阳明以我们实际上对知孝、知弟、恶恶臭这些普通说法的实际理解为例来解说知行合一，借以说明知行合一学说不是他"凿空杜撰"：知行这两个字的普通用法和通常理解之中已经包含了知行合一这层含义——"若会得时，只说一个知，已自有行在，只说一个行，已自有知在"。

§2 贺麟论知行合一

近世中国学人中,贺麟著有《知行合一新论》,专论知行合一。贺麟首先指出,他所说的知行合一,不是道德说教,而是学理研究。此文的小引中说:"不批评地研究知行问题,而直谈道德,所得必为武断的伦理学……只知从表面去判断别人行为的是非善恶的人,则他们所下的道德判断也就是武断的道德判断。"[①]这篇论文要做的,是把道德问题"与行为相关的知识,与善相关的真"连在一起来探讨。

这篇文章在引言之后,即入手讨论知行二名词所指的范围。接下来,贺麟尝试分疏知行合一的不同含义,特别以斯宾诺莎和格林(T. H. Green)为例解说了知行平行论。依照知行平行论,知行合一是一自然事实,"知行永远合一,永远平行并进",所以,贺麟也称之为"普遍的知行合一论"或"自然的知行合一论"。

斯宾诺莎和格林只是带过,更多的篇幅用来讨论王阳明。贺麟认为,"阳明所谓知行合一的本来体段,与自然的知行合一论有许多地方均可相互印证发明",但也不宜把王阳明完全等同于自然的知行合一论:"此种不加修养即可达到之纯自然的知行合一,似非阳明之本意。"于是,他把王阳明的学说称作"率真的或自动的(spontaneous)知行合一观"。从这种观

[①] 贺麟,《五十年来的中国哲学》,商务印书馆,2002年,130—131页。本节所引贺麟皆出自此书,不再另立脚注,只随文标出页码。

点来看,"目的即手段,理想即行为,无须悬高理想设远目的于前,而勉强作积年累月之努力以求达到"。(149页)

据贺麟,"自然的知行合一论"有一个好处,它有助于把低级的知和低级的行连到一起,把高级的知和高级的行连到一起:无知与妄为一体,盲目与冥行一体,而真切笃实的行则与明觉精察的知一体。这种说法的毛病则在于,既然知行总是一体的,那么,口是心非、言行不一的人,也是知行合一的了。① 有鉴于此,与"自然的知行合一论"相对,贺麟提出"价值的或理想的知行合一说",按照这种学说,"知行合一为'应如此'的价值或理想,为须加以人为的努力方可达到或实现的课题或任务,是只有少数人特有的功绩"。(137页)

的确,如果知行永远或必然合一,我们就不得不解释知而不行、盲目行动等等知行两分的情况,更进一步,我们恐怕还得解释我们的语言怎么竟把知和行分成了两个字。遇到这一类问题,哲学家常用的一种进路是:知行表面上可以分开,实际上却是一回事。

对伦理思考来说,知行必然合一之说还有更深一层的难处:如果知行实际上必然是一回事,知行合一之说就失去了任何道德含义。前面《"是"与"应当"》一节曾讲到,这里涉及伦理学中的一个一般难题:我们从"价值或理想"出发,似乎容易落入武断的道德说教,但若我们坚持不离实然,所论似乎就没有道德含义。贺麟解决这个难题的进路大致是"先根据

---

① 确切说,口是心非、言行不一所涉是言行关系而不是知行关系。言行与知行的异同也是个话题,但这里不多谈这一点。

常识或为方便起见,将知行分为两事,然后再用种种的努力,勉强使知行合一,求两事兼有。"(138页)这种努力追求有两条途径,一是从行上升到知,一是从知下行到行,"向上的途径,是要超越不学无术的冥行,而寻求知识学问的基础,可以说是求知识化的途径。向下的途径,是要求避免空疏之知,虚玄之知,力求学术知识之应用,稗对社会国家人类有实际影响与裨益。可以说是求普及化、社会化、效用化的途径。"(138页)

既然根据常识或为方便起见将知行分成了两事,贺麟接下来就考察这两事中,是先知后行还是先行后知。初看起来,两种提法都有例证。见到老虎(知)而逃(行),乍见孺子将入于井(知)而立往救援(行),看来属先知后行。有时兵士作战时受伤(行)而不自知,后来感觉疼时方知受伤(知),这类例子看来属先行后知。据贺麟,后一类例子与知行合一无关,前一类例子才是知行合一的实例。这一类例子,贺麟分析说:"见虎而跑,见死往救,虽然知与行间时间的距离很短,却也需要相当的努力。"(139页)既然在这类例子里,从知到行有时间差,且需要努力,因此它们不支持"自然的知行合一论",但它们似乎支持"价值的或理想的知行合一说",或者说"率真的知行合一"。这样理解的知行合一,其实仍是知在前而行在后,只不过强调了知行之间的时间差很短,所需的努力来得"率真"。据贺麟,王阳明常举的如好好色如恶恶臭这类例子也在此列。

沿着这条理路,贺麟用了相当篇幅来讨论知行这两者的主从关系。他得出的结论是,知行两者之中,知是主行是从。本书不打算细致讨论贺麟的种种论证,在我看来,贺麟的分析完全偏离了知行关系的一般论旨。受伤而不自知固然不是知行关系的好例，见虎而跑同样不是，而他对见死往救的分析也不在路上。知行关系中的*知*，指的是明理，知道处世的道理，而贺麟这里所讲的主要是对某种事境的感知。见死往救的义士有所知，是知道人应当见义勇为这个道理，而不是指看见孺子将入于井这个事实。那些见死不救的人，同样知道这个事实，他们所不知的，是人应当见义勇为这个道理。

从明理与行动的关系来看，常理所认的知先行后大致可通——"义理不明，如何履践？"不过，也有不少慧眼的论者注意到另一类事实：有时，我们先要去做，才慢慢体悟其中的道理。体操教练让学员这样做那样做，学员不能总是先问道理何在。等你做了几番，自己就能悟出其中的一些道理，教练再讲这样做的道理时，你也比较容易领会。

贺麟尝试把道德问题"与行为相关的知识，与善相关的真"连在一起来探讨知行关系，的确是一次可贵的努力，但他后面的分析完全偏离了知行关系的一般论旨，结果却不能让人满意。贺麟所要论证的是知行合一，只不过"先根据常识或为方便起见将知行分为两事"，但细察他的具体阐论，他始终是把知行视作两事，而且在这两者之中，"'知'永远是目的"。例如，他从因果来看待知行，而这个因果，显然不是必然的因果，若知必然导致行，就谈不上努力"使知行合一，求两事兼有"了。而说到努力，他指出两条途径，从行上升到知，或从知下行到行，无论哪一条途径，都以知行两分为前提。且不说从知下行到行这第二条途径，"稗对社会国家人类有实际影响与裨益"，与他"'知'永远是目的"的论断颇不相合。

§3 知行合一说的困难

伦理研究不同于说教，如贺麟所申言，须把道德问题"与行为相关的知识，与善相关的真"连在一起来探讨。从本体上论证知行合一，自比单把知行合一当作道德要求要来得切实，但它同时也面临更多的困难。我们分成几条来说吧。

其一，知行明明是两回事。我们经常知而不行，也经常行而不知。

其二，我们的语言把知和行分成了两个字，而且它们显然不是同义词，这差不多已经表明知行是两回事。

其三，亚里士多德批评苏格拉底的"德性即知"把德性等同于知识，然而，德性不仅牵涉到知，而且牵涉到感情。而且，知识可能误用，你善心热心，误用了知识，还会帮倒忙，此所谓 moral clumsiness。我们也许还可以加上说，坏人有很多知识，干起坏事来更得心应手。

其四，很多知识，谈不上去实践它或实施它，天文学家费了很多周折，确定了巨蟹星云中心的脉冲星每秒钟转动三十周，但知道这个似乎与他们的践行了无关系。

最后，还有 akrasia，即意志薄弱这回事，我明知应当去施行某种正义的行为，但由于惧怕危险而畏葸不前。屡戒烟屡失败者如我深知此点。

看来，若取"自然的知行合一论"，我们无须通过道德上或其他方面的努力来到达知行合一之境，达乎这种境界就不会是"只有少数人特有的功绩"。若取贺麟的"价值的知行合一说"，似乎就要承认知行原本是两事；但若不能从本体上论证知行本来合一，知行合一这种价值或理想似乎又要流为贺麟所要批评的无根的道德说教。

§4 深知而与行合一

上一节列举的困难分属不同维度，引我们从不同方面来思考知行合一的学说。让我们首先看看*知*。这里固然不能详尽梳理知的各种互相联系的含义，但要展开知行关系的讨论，我们不能不大致区分理论之知与实践之知。我们在§1.5谈到，这在亚里士多德那里是一个基本的区分。他主要从是否改变对象的角度做出这一区分，这个视角也是希腊哲学广泛采用的视角。再者，理论之知与实践之知有不同的目标与归宿。理论之知以明述的、公共的知识系统为归宿，在这个系统中，各个道理通过互相可推导的关系组织起来。近代科学是这类公共知识系统的样板。与理论知识不同，实践之知的归宿不在一个知识系统，而在每一个行动者。若说实践之知也形成一个系统，那么，这个系统不是通过各个片断的可推导关系连成一片，而在于每个片断都与特定行动者相联系。实践之知是通过行动者组织起来的，一个一个行动者就是实践之知的"系统"。

现代汉语的*知识*一词指的主要是明述的、公共的知识。与此相应，知识首先联系于有与没有，以及对与错——说到一样知识，我可能有这样知识或没有这样知识，我所知道的是正确的或不正确的。而在刻画实践之知时，一个关键维度是深浅厚薄，"知得切与不切"。所谓深知浅知，在于一样知识是否深深嵌入了特定行动者之中。可能，我知道一个道理，但它没有嵌入我的觉感深处，它只是公共知识系统中的一个道理，我只是把它作为一种知识加以了解。这种"知道一个道理"，虽知，却知得不切。王阳明等人在这个上下文中所说的知,是知理,而这里的理,殊非原子何以结合成分子之理、电磁感应之理。物理学所揭示出来的规律、原理不是需要或能够去实践的。这里的理是与实践相关之理,物我共有的理,"物我一理,才明彼,即晓此,合内外之道也"。(《二程遗书》卷十八)与此相应,知理之知,不是知道某个命题,而是有感悟有体会的知。

这里所做的区分,大致与宋明理学德性之知与见闻之知相应。据称,"德性所知,不萌于见闻",我们"本自有之"。不过,在我看来,"本自有之"的提法不如"合内外之道"的提法来得中肯。一方面,不学而本有之知并不局限在德性领域,例如,我们正常人都能分辨声音从何处来,这种知也是不学而知。但更重要的是,德性之知未见得不假见闻而"本自有之"。我们都知道,理学家中,朱熹是比较均衡的,他在疏解"德性所知,不萌于见闻"这话时曲为纠偏,说须得"先于见闻上做,功夫到,然后脱然贯通"。朱熹的疏解才是知行合一的正论。

人生的道理,我们听说了,也知道了,但可能没有什么体会——这一点人们常常说到。生离死别这话,小学生当作一个新成语学来,朗朗念得起劲,直到他长大,恋人离他而去,直到他的父亲离世,他才深有感悟深有体会地知道。先前的知和后来的知,不在一个知是对的一个知是错的,而在知的深度不同。我背下交规,知道酒后驾车不对,但我还是酒后驾车。我酒后驾车被警察拦住大罚一次,我知道得就深了一层,我酒后驾车碰伤了一个孩子,我一个亲近朋友酒后驾车轧死了人,我这才"真正知道"酒后驾车不好了,从此再不酒后驾车。知道为恶仍为之，那说明我们只停留在"见闻之知"上，而没有切身体会。

切身之知也陈说着感知与身体的事质联系或隐喻联系。近年来关于具身知识（embodied knowledge）的研究专门关注这类联系。西方知识论传统中有一种强烈的趋向，要把知锁在心灵之内，后来则是锁在大脑之内。但正如海德格尔、莱尔这一路思想家反复强调，怎样游泳、怎样骑车、怎样钉钉子，这些都是知。"操劳有它自己的知。"一般实践活动中的知至少隐喻地联系于体操、游泳这类身体活动的知，至少隐喻地与血肉相连，深知与真知"融化在我们的血液中"。我知道这钱不该收可忍不住收下了，那是因为知还未深入灵魂。

人怎么会知道却不做？第一节所引伊川的话已经道出其中枢机——"知而不能行，只是知得浅"。若知得切时，"自是事父不得不孝，事兄不得不悌，交朋友不得不信"。第一节还说到，朱熹多半持知先行后的常识看法，但有时又在主张知行合一甚至行先知后。这些语录看似互相矛盾，其实关键也在浅知深知之别，不行只是不知或不切知——"只争个知与不知，争个知得切与不切。如人要做好事，到得见不好事，也似乎可做。方要做好事，又似乎有个做不好事的心，从后面牵转去。这只是知不切"。知得切了，自是事父不得不孝，交朋友不得不信。就公共知识系统来说知，惟当一个片断通过可推导关系契合于这个系统，才算正确的知。说到实践之知，则惟当一个道理深深契入行动者的身心，才算真知。像酒后不驾车，像孝弟，必是能够做才算知，才算真正知道。"必是其人已曾行孝弟方可称他'知孝''知弟'，不成只是晓得说些孝弟的话便可称为'知孝弟'?"(《传习录》卷上）所谓知行合一，并非主张知行总是一回事，而是说，知到切身处，知与行就合一了。

知和行本来是两个字，这差不多已经表明知行是两回事，惟由于它们不是一回事，知而不行或行而不知这些话才是可解的，而知行合一初听起来则似乎"与常识相触"。但我们澄清了知的不同维度，阐明了深知浅知这些说法的内涵，就显露出知行合一原也合情合理。知行两分与知行合一的区别不在于一个是表面上的，一个是实际上的，而在于在某一个维度上，知行合一体现了对知行的深层理解。知即行或人莫知善行恶者虽然异于我们平常对知行关系的看法，但这个结论其实在我们对知和行的通常理解中有其根苗，在知和行这两个字的实际用法中有其根苗。的确，如果论理者赋予了知和行完全异于日常的意义，那我们就无法判明他是否在提出一个关于知行的新思想了。王阳明之所以从知行的普通用法汲取理据，因为要论证本体或真义，这是最强有力的论证，否则概为"凿空杜撰"。在很多场合下，"若会得时"，不必牵强，我们就可以说："未有知而不行者，知而不行只是未知。"

说知即行在知和行的实际用法中有其根苗，并不是要否认知和行在实际用法中通常指的是两回事，知行合一不是放到处处都合适，但它挖掘出被流俗理解所遮蔽的知行深义。伦理论理来自日常实践，其道理不是由实验来验证，而是要验之于我们的实践经验。验之于我们的实践经验却不是说，伦理论理是耶非耶要由实践者的票决确定。常理可能互相矛盾，可能浅俗，论理的作用在于发掘深层道理，通过阐明这些深层道理消除常理中的矛盾，改变浅俗的看法。伦理论理的确必须与常理相通，这说的是，这些深层道理必在常理中有其萌端。

知行合一论所主张的不是贺麟所说的那种"自然的知行合一"。这种永远合一的必然不是伦理学（或哲学一般）的课题——上文说到，这类主张将去除自身的伦理道德的含义。但另一方面，知行合一也不是脱离了实际理解的道德劝诫。第一章曾提到规范伦理学和描述伦理学的区分，在这里，我们能够清楚地看到两者之间的联系。伦理学不是修身书，不是"专为下愚立法"，把一套自认为正确的规范罗列出来要人遵循，而是始终致力于贯通实然与应然，在我们的既有理解之中挖掘更深层次的理解。知行应当合一，按道理你应当知行合一，这个道理不只是一个高悬在那里的理想，而是联系于我们已经知道的道理。

诚如贺麟所言，知行合一的提出与探讨，体现了哲学思考的一般旨趣。这既不是要下达"汝应如此""汝应如彼"之类的狭义的武断的道德律令，也并非意在确立行为学的某种规律或机制，它们意在打断我们的流俗思路，启发我们更深入一层去思考知行关系。

§5 心理与心性

我们刚才说，知而不行是因为知来得太浅，然而，还有一种情况须得考虑。我知道吸食麻醉品不对，毒瘾一上来还是去吸了。这一定是我知道得太浅吗？我可能痛感吸食麻醉剂的坏处，对吸毒之可憎可怕之知远过于常人，但就是戒不掉，我知得深切，但这个知就是敌不过另一种力量。这时单说你并不真正知道吸毒之恶，难免牵强。这类情况，应称作知而不能行，不同于知而不行。这是亚里士多德对德性即知的批评中的一个重点，即西方伦理学中所称的 akrasia（意志薄弱）问题。

我们平常会这样说：一个人虽然知道这样做是对的，但他没有足够的意志力坚持下去。我们这样说到意志与欲望：他虽然知道这样做是错的，但他意志力软弱，仍然受欲望驱使，那样去做了。我们也这样说到理智与感情的斗争——发乎情止乎礼，或者，他的理智控制不住自己的感情。总之，一个人之中似乎有两个自我，泛泛说吧，"本我"与"自我"，就像两个人，两个国家，有时一个战胜一个，有时相互妥协，和平共处。不难看到，两个自我说与其说为事情提供了一个解释，不如说在用某种较为图像化的方式使得问题变得较为容易表象。区分两个自我容易，麻烦在于这些自我在何种意义上属于同一个自我——自我这个词不是本来就意味着同一性吗？我们需要第三个我，"超我"，把它们统一起来吗？但超我在尝试统一之际失败了怎么办？这时是否还需要第四个我来完成统一大业？

在这一点上，今人或许以为自己已经有了答案：我们不必纠缠于欲望、意志这些含混的哲学概念，不必分出两个或三个自我。我非常想戒除麻醉品成瘾却戒不掉，是由于这种成瘾是一种生理上的强制，不在我的控制之内，就像我从楼上掉下来，无论我怎样努力，都改变不了以自由落体的速度下落。我们需要在生理层面上对待这种情况，求助于药物而不是求助于意志。心理机制、生理机制的研究的确拓宽了我们的眼界，我们今天都知道，有些偷窃行为源自心理疾患，有些同性恋源自生理机制，这些无关道德和心性。不仅有些偷窃行为如此，甚至杀人这样的大罪也可能源自心理疾患。

然而，我们应当怎样区分心理与心性？同是偷东西，凭什么我们说这是心理健康问题或心理问题而那是品德问题？我们肯定不能泛泛说，心理性偷窃来自心理原因，是由一连串心理活动驱动的，因为非心理性偷窃背后也有一连串心理活动的驱动。

我偷了同事放在抽屉里的钱去大吃大喝，这是品德问题。一位富足女士在超市多次偷打火机，她不抽烟，打火机塞满了两个抽屉，好多她偷到手路上就扔掉了，我们判断这很可能是心理问题。偷窃通常有明显的动机，其他条件相等，小偷会偷最值钱的东西，间谍会偷最重要的情报。心理性偷窃则没有明显的动机——心理偷窃癖并不在意偷到的东西如何值钱，他的行为有时不仅没给自己带来利益，甚至会给自己带来伤害，如有洁癖强迫症倾向的人不断洗手擦脸，不但浪费了时间耽误了工作，还擦坏了皮肤。不妨说，心理性偷窃是无目的、无动机的。①

---

① 我们这里不考虑弗洛伊德所谓的无意识动机。依动机这个词的通常意义说，无意识动机是个矛盾词组。

海南省男子王某2013年10月28日在增城新塘杀人，被警方抓捕后，经广州市脑科医院诊断为严重精神障碍，遂免予起诉。王某杀人没有我们平常所说的动机，他的行为是由一系列生理—心理原因来解释。然而，一个全无心理疾患的人去杀人，那不也是一系列生理—心理导致的结果吗？2007年，S.海耶斯与J.科米萨耶夫斯基在康涅狄格州犯下令人发指的罪行，他们在清晨潜入一位医生的家里，击昏熟睡的男主人，捆绑女主人和两个女儿，到了上班时间后胁迫女主人到银行取出15000美元，归来后，海耶斯强奸了女主人，然后把她勒死，并在逃窜前纵火焚烧房子，致两个仍被绑着的女儿窒息而死。这两个罪犯的所作所为有明显的动机，罪无可逭，然而，哲学家哈里斯（Sam Harris）提请我们注意，科米萨耶夫斯基幼年时屡遭性侵，心灵受到极大摧残，变得极其冷漠。哈里斯是一位决定论者，他接着说，这两名罪犯"大脑神经中的一切生理活动……都可以用来为他们的罪行辩护"，如果你与其中一个有着相同的基因、相同的生活经历以及相同状态的大脑，你就会做出和他完全一样的举动。[1]

哈里斯采用的是还原论思路，这一思路颇为常见。双螺旋发现者之一的克里克（Francis Crick）断言："我们的精神可以通过神经细胞及其相关分子的行为加以解释。"[2] 这里不展开讨论自由意志、决定论、还原论，只是浅近说明，我们看来可以

---

[1] 萨姆·哈里斯，《自由意志——用科学为善恶做了断》，欧阳明亮译，浙江人民出版社，2013年，7页。
[2] 弗朗西斯·克里克，《惊人的假说：灵魂的科学探索》，汪云九等译，湖南科学技术出版社，1999年，7页。

对人类行为提供两种解释，一种常情常理的解释，一种是"大脑神经中的生理活动"类型的生理—心理因果解释。简便起见，我将称之为从心性上解释和从心理上解释。①

那么，我们怎么知道应该选择哪一种解释呢？首先需要指明，常情常理解释和生理—心理解释不是两种并列的解释，它们是两个层次上的解释——生理—心理是下层，常理层面是上层。由于它们是两个层次上的解释，因此它们各行其是、相安无扰。普普通通的偷窃可以从获利等常理来解释，但当然，行为者也有他的心理定式、心理活动，如果哈里斯愿意，他也可以尝试从"大脑神经中的生理活动"来提供解释。

心理解释，作为科学解释，具有普遍性。徐锡麟刺杀恩铭，我们一般会从他反清革命的志业入手来解释，但生理—心理学家也可以从他的心理状态来解释。但常情常理的解释有时无能为力，例如，解释不了海南王某为何杀人，而科学家仍然可以在心理层次上加以解释。一个行为，无论常情解释得了还是解释不了，都不妨碍生理—心理解释通行无阻。② 心理解释的这种普遍性似乎正表明了科学解释的优越性。然而，这种普遍有效性的另一面则是，这个层次的解释不区分也无法区分什么是普通偷窃、什么是心理失常导致的偷窃。

初一想，"大脑神经中的生理活动"的层次是基础层次，

---

① 众所周知，psychology（心理学）一词来自 psyche（心灵），汉语心理这个词的含义也有广狭之分，我们在这里说到心理解释，则特指心理学意义上的解释。我们也不讨论心理层面与生理层面的复杂联系，实际上，科学心理学一直尝试把心理活动还原为生理活动，所谓心理机制是用"大脑神经中的生理活动"来解释的。

② 这当然只是从原则上说，从心理学的目标来说，心理学实际上远不像物理学那样发达，它并不能解释亚日常层次的很多事情。

上层解释建立在这个基础层次之上。考诸实际，事情却正好相反。我们对行为的解释通常不是从下层开始而是从上层开始的。[①] 如果我们能在常情常理层面上解释张三为什么偷窃，我们就不能再把他解释为心理偷窃癖。实际上，偷窃概念本来是在常理层面上得到界定的。惟当行为人去偷窃、去杀人却没有任何可理解的动机，就是说，惟当常情常理的解释都行不通，我们才下行到生理—心理解释。伊凡雷帝为什么杀死他的亲生儿子？顾城为什么杀妻？历史学家、诗人、哲学家、我们普通人，尝试在常情常理提供各种各样的解释，我们搜寻更多的细节，援引被忽视的道理，把弥漫在各处的线索联系起来，迂回曲折地把不合常理的事情联系于常理，使它得到解释。

我们不赞成偷窃，但并非不明白小偷为什么偷窃，例如，他想不劳而获。如此不妨说，偷窃是一种"理性行为"。实际上，我们谴责偷窃不道德，施以相应的惩罚，正因为偷窃者是依据理性行事的。与此相对，那位富足女士去偷打火机，无法获得这类常情常理上的解释，例如，这一行为中没有明显的获利动机。我们说一个人无缘无故地抑郁，无缘无故地偷窃，无缘无故地杀人，说的就是他的行为、心理无法在常情常理的层面上得到理解。换言之，他不是在理性水平上行事，不是在理性水平上感知和反应。

这里所说的无缘无故并不是通常所说的偶然。你我没有相约却在飞机场相遇，了解了各自的旅行计划，我们就知道你我

[①] 正是由于这个缘故，人们经常把心理问题误认作品德问题，相反的情况却比较少见。

为什么会偶然相遇。那位富足女士并非在这种意义上偶然去偷打火机，她的行为形成了一个 pattern，这个 pattern 提示了一种原因，但这个原因却无法在常情常理上得到解释。于是，我们不得不下行到心理机制来寻求解释。心理学家找出的缘故是心理机制上的原因，不是我们平常所说的动机。

我们首先从心性上解释人的行为，惟当各种尝试都归于无效，我们才会接受他们由于心理疾患而行凶的结论。实际上，一旦把他们的行为归于心理疾患，就已经宣布了无法对这些事情提供有意义的解释。即使科学家发明了一套仪器，能够测量顾城行凶前所有的体液变化，我们仍然不明白顾城为什么杀妻。

通常，我们并非下行到心理机制来理解一个人的行为，而是把他的特定行为联系于他的一般品行来加以理解。张三一向言而无信，不负责任，不在意他人的利益和感受，他经常迟到；他的这个坏毛病跟他的心性相连，他的迟到不是应当并可以与他的其他行为隔离开来看待的行为。李四在各方面都严格自律，照顾他人的利益，在意他人的感受，但他经常迟到；我们于是倾向于认为，他的迟到是个心理问题——他经常迟到这事儿和他的一般品格行为不相连属，要与他的一般品格行为分离开来看待。我们基于相似的道理区分一般偷窃与心理性偷窃。偷窃不仅包括未经所有人知晓和允许取走其财物这种行为，而且也包括这种行为的周边因素，例如动机、对所得财物的享用等等。在心理性偷窃那里存在偷窃的一般行为，然而缺乏偷窃的周边因素。因此，我们必须先有一般意义上的偷窃，即非心理失常意义上的偷窃，才能从否定的角度区别出心理性偷窃。

大致言之，心性探究把一个动机、一项行为、一种心理活动与其他动机、行为、心理活动横向联系起来加以探究，心理学探究则把一个动机、一项行为、一种心理活动与其他动机、行为、心理活动隔离开来，纵向地寻求一个动机等等背后的机制。张三的问题是一般品行问题，李四的问题则是个心理问题——他经常迟到这事儿和他的一般品格行为不相连属，要与他的一般品格行为分离开来看待。

这里要做一点说明：我们虽然区分心性与心理，但并不是在断言心理问题与心性问题泾渭分明。有一些复杂的情况很难单独归为哪一类，有的同性恋是生理上的，有的是社会风俗上的。有时则可能有两种混合的情形。例如，一个人罹患忧郁症，既有生理上的原因，也有心性和环境的缘故。例如，烟瘾的确有心理—生理的强制性，但仍然可能通过坚定意志成功戒烟。

而且，如上文已经提及，在平常说法里，心理这个词会用在不同层次上。"心理满足"这个说法就是如此。按照某些心理学家的说法，心理性偷窃等等来自某种错置的心理能量，通过偷窃这类行动，这种能量得到释放，因此可以说这种行为给行为者带来了心理满足。但我们更常说到的心理满足，指的是阿Q类型的满足。这种类型的满足与心灵的满足不是一回事。古希腊健儿在奥林匹克赛场上获得冠军，不赢房子不赢地，只获得一顶桂冠，这不叫"只获得了心理满足"。他与阿Q的区别在于，粗说，他在竞赛中付出了实实在在的努力，展示了实实在在的才德，获得了民众与竞赛伙伴的广泛尊崇。所有这些，都不局限在他的心里，而且，也不局限在这一次竞赛之中。他的努力与才德在他所从事的很多其他事情中同样有所体现，他获得的荣誉来自四面八方。依同样的道理，从相反的方向看，不是为获取利益而残忍地虐待动物或折磨他人，固然不是像大吃大喝那样满足"物质欲望"，却也不是"获取心理满足"。这不仅在于施虐者的所作所为是实实在在的恶行，造成实实在在的伤害，而且也在于他的所作所为与他的其他行为、与他这整个人连成一片。我们固然可以把这类施虐行为称作变态、病态，但它同通常所说的心理疾患并不是同一种病态。

§6 屈原需要心理治疗吗？

屈原爱国忠君，满腹救国良策，却遭小人谣诼，遭楚王贬谪，郁郁不得志，作离骚，"遭沉浊而污秽兮，独郁结其谁语？夜耿耿而不寐兮，魂茕茕而至曙"，投江而死。从他的诗歌分析，从史料的零星记载看，从他最终自杀而死这一事实判断，屈原很可能罹患重度抑郁症。设若当时心理医学发达，他是不是应该去看心理医生？是不是应该努力把他治好？治好？屈原本来不好吗？

屈原的确抑郁，但他的抑郁与他的整个心性和人生联系在一起，与楚国的存亡联系在一起。惟当屈原的抑郁和绝望在他的整体生活中没有合理的位置，我们才会下行去把它们视作心理问题。不管去甲肾上腺素高低，屈原的所作所为，他写下的诗歌，都表明他心智健全，比我们这些凡庸之众更加健全。屈原好好的，他不需要心理治疗，无须服用 SSRIs。

像哈里斯那样认为人的行为只有一种解释，"大脑神经中的一切生理活动"层面上的解释，是科学主义导致的糊涂见解。同样糊涂，科玄论战中"科学派"的战将唐钺曾声称"神经构造等就是人生观之因"。同情、爱、悲观、绝望、嫉妒心强，通常不是心理机制意义上的心理现象，而是心性现象，是与整体伦理生活联系在一起的现象。心理学家尽可以在心理学上研究这些现象，但爱得健康不健康，是心智健康与否的问题，由我们普通人来判定。不存在与伦理生活相隔离的心理健康标准，心理量表在这里最多起点儿辅助作用。即使 Caroll 抑郁量表和去甲肾上腺素测量都表明屈原罹患重度忧郁症，在心理学意义上判断乃至谈论屈原是否忧郁症患者于我们在常理上理解屈原仍然没什么意义。

说屈原本来好好的，并不是要否认，郁郁寡欢、抑郁、悲观、绝望，这些是"负面的心理状态"。我们都希望自己高高兴兴的，希望自己的亲朋快乐、开朗、长寿，若有谁动了自杀的念头，我们会竭力劝阻和防止。然而，抑郁还是快乐，通常不是可以脱离开整体生活来考虑的。

这里还不是说，屈原的抑郁是他写出离骚的代价。我们应该也的确会尽可能保护自己健康，但有时候我们明知有损健康也不回头。职业运动有损健康，高强度写作有损健康，统计表明，任美国总统要冒减寿的风险，但这些不是疾病意义上的不健康。这些是一种代价。我们知道这些代价，当事人更了解这些，但姚明还是去当职业运动员，巴尔扎克还是去埋头写作，奥巴马还是去竞选美国总统。他们准备为自己投身于其中的事业付出代价。

不过，在屈原这一例中，代价这个视角仍嫌外在。在保证总统的工作品质的前提下，总统的亲友下属会努力减少总统的健康风险。但我们该怎么设想减少屈原的抑郁和绝望而同时不改变屈原之为屈原？为此我们该朝什么方向努力？屈原的抑郁和绝望与他的正面品质和成就内在地不可分割。服用 SSRIs 将毁掉屈原。当然，我们凡庸之人也许宁愿写不出《九歌》，只要每天快快乐乐就好。

屈原郁结，失语，彻夜失眠，自杀，笼而统之称之为抑郁吧，但他的抑郁并不是心理疾患，他的抑郁、忧愤乃至绝望是他的心智整体的一个有机部分,是他的生活整体的一个有机部分。我们通过屈原的整个心智、整个生活来理解他的抑郁与绝望。

§7 "理论指导实践"

知行关系里还有一个重要的议题，即，理论与实践的关系。关于理论与实践的关系有种种流行的说法，例如理论是实践的总结，理论反过来指导实践等等，这些提法都有明显的缺陷。要看到这些缺陷，我们首先需要沿着亚里士多德的基本思路，区分伦理学—政治学类型的理论与物理学类型的理论。

伦理学—政治学是实践经验的总结，而物理学不是。英国人建立民主制度，本来意在解决他们当时的实际问题，不是要发展出哪种理论，但他们会希望展示这套制度的优越性，这固然首先要靠改善这套制度的实际运作，但也包括从道理上论证这套制度是好的，优越的。伦理学—政治学明述和总结我们自己在实践活动中多多少少已经明白的道理，物理学类型的理论却不是。民主宪政理论是民主宪政实践的理论化，微分学、行星理论、基因理论，它们是哪些实践经验的理论化呢？

然而，物理学类型的研究不也涉及操作与实践吗？海德格尔在《存在与时间》里有一段话说，理论研究并非没有它自己的实践，例如设立实验设备、制作切片、地质勘探、考古挖掘；就连进行抽象研究也还需要用纸笔书写之类的操作。后来，科学学里的建构主义一派，就有不少论者力图沿这一思路来解说科学理论。但这一思路包含一个重要的错误。你在研究行星逆行，你夜晚走到野外，举头观测夜空，但行星理论却不是你行走、你举头这些行为的明述和总结。同样，解一道复杂的几何题难免要用纸笔写画一阵，但解出的结果却不是这些活动的理论化。诚然，研究者需要通过训练掌握正确的观察方式、正确的操作方式，他有时需要反过来检视研究过程，找出是否有某种因素产生了干扰，例如是否自己看花了眼或望远镜安装出了错。但这种检视依赖于我们有一套正确的观察、操作方式，例如没看花眼、望远镜安装正确。我们的确可以对研究活动本身进行专题化研究，从而发展起科学学或调整了知识论，无论这些学科能教给我们些什么，反正它们不能产生行星理论、基因理论这些物理学类型理论。

亚里士多德做出了理论科学与实践科学这一极为根本的区分，不过，在亚里士多德的时代，这一区分远不像我们这个时代这样重要。在那个时代，即使物理学类型的研究，其客体化程度也还远不充分，例如希腊天学仍不曾完全脱开人事的含蕴，会把天球的圆形轨道与人在实践活动中通过自制求取圆满连在一起讨论。静观知识虽然是为真知而真知，但它仍然是觉感之知，与人类实践有着某种联系。而在今天，物理学类型的理论与伦理学—政治学类型的理论早已彻底分道扬镳。伦理学—政治学不同于物理学类型的理论，它们是基于实践明慧的论理和穷理。实践活动有它自己的知，伦理学—政治学明述这些知，勾连和发展实践活动中已经多多少少明白的各种道理，使之成为一个道理系统。物理学类型的理论以其研究对象的客体化为基础，所以，愈是发达的理论，离开我们对物事的直接经验愈远。我们不能以我们经验不到"宇宙汤"为据来批评大爆炸理论。在我看，鉴于伦理学与物理学的根本区别，我们最好把伦理领域中的系统论理称作学说而不称作理论。孔子或墨子各有一套伦理学说，但他们都不曾提供过伦理学理论。

我们需要立足于物理学类型理论与伦理学—政治学类型学说的根本区别，重新检讨"实践与理论"的关系。通常说到实践与理论的关系，所涉及的只是伦理学—政治学学说。伦理学—政治学学说是实践经验的专题发展而物理学不是。反过来，若说得上践行理论，我们只可能践行某种伦理学—政治学学说，不可能践行物理学类型理论——关于脉冲星转速的科学知识当然不是要去践履和能去践履的。

科学知识当然与我们的实际生活有关，但这种关系是应用关系：我们应用某条或几条几何原理来证明一道几何题；应用基因知识来改变植物种子，来制造治疗某些疾病的药物。这些活动更接近于亚里士多德所称的制造而不是实践。亚里士多德绝不会想到他所称的"理论科学"会这么广泛地应用于制作。实际上，直到伽利略—牛顿的科学革命盛期，物理学仍然是为真知本身而求知。科学理论大规模应用于制作，是晚近两个世纪才发生的。

物理学类型理论可以应用于制作，甚至可以蓝图在先，然后依蓝图施工制作——必须有量子理论在先，才可能造出原子弹或原子反应堆来。伦理学—政治学却并无类似的应用。在"科玄之争"中，胡适曾说："人类今日最大的责任与需要是把科学方法应用到人生问题上去。"[1] 别的不说，就这"应用"两字就不上路。张岱年较早就接受马克思主义辩证唯物主义，按照他的说法，"辩证法既是宇宙的规律，也是一种科学方法，

---

[1] 丁文江在《玄学与科学——评张君劢的"人生观"》一文中引用胡适的话，载于张君劢等，《科学与人生观》，黄山书社，2008年，57页。

它不仅能指导人们研究客观世界,还可以运用到生活中去。……假若你在生活中能注意辩证法,你就能得到良好的快乐的生活。你愈能运用辩证法,你的生活就愈好,也愈有价值"。举个具体例子吧,他接下来说道,失恋虽痛苦,但可专心致志工作,于是"辩证法能使一个人过快乐的生活"。①我恐怕,在伦理领域中,"理论"与实践的关系要内在得多,微妙得多。

伦理学—政治学谈不上应用,因为这里所涉的是实践而非制作。制作的目的落到制作的技术手段之外——"为什么"制作与对象本身无关,完全是我们的事情;而实践活动——无论是情爱还是政治运动——所牵涉的则是人与社会,因此,如上一章再三强调,实践活动的目的始终与它所涉及的对象交织在一起,无法完全独立于实践活动本身加以界定。实践活动不是任何一种理论所发现的真理或法则的应用,更不是按照工程蓝图去实施。第一章曾谈到,梯利和蔡元培区分理论伦理学和实践伦理学,"前者发现规律,后者应用规律",实践伦理学"本理论伦理学所阐明之原理而应用之,以为行事之轨范"——"理论伦理学之于实践伦理学,犹生理学之于卫生学也"。然而,没谁能在实践中应用什么伦理学规律,实际上,也根本没有哪部伦理学发现过什么规律。

理论可以指导制作,却没有理论指导实践这回事。§1.8曾提到,"学院道德家"在塑造道德观念方面起不到什么作用,遑论用他们的理论来直接指导实践了。如果真有谁家的伦理学对我们的实践起了作用,那恐怕是其中有这个那个论断打动了

---

① 张岱年,《张岱年文集》,清华大学出版社,1989,55—56页。

我们。我们的确会去践履某种伦理理想，如上章所申论，伦理理想更多具身于实践传统本身之中，具身于实践典范身上，全不必是明确勾勒出来的蓝图。实践不是从理论来的，实践者从传统和榜样那里领取指示。

如果实践是从传统和榜样那里领取指示的，那么，理论又有什么用呢？第一章和第三章曾申论，伦理学—政治学作为系统论理，主要出自对穷理本身的兴趣。本章关于知行关系的探究，以及后面章节关于善恶、个殊/普遍的探究等等，主要是形式上的探究，或很多哲学家所称的概念探究。这类探究并不指导我们怎样做到知行合一，怎样从善去恶，甚至并不直接回答哪些品质和做法是善好的这类实质善好问题。指望伦理学来指导伦理生活，指望"道德哲学"来提高"道德水平"，这些都是错误的想法，因为"理论"做不到这一点而责备它无能则是错置的责备。

伦理学并不指导伦理实践，它以更加曲折的方式与伦理生活相联系。粗略言之，一方面，伦理概念的探究旨在改变人们对伦理概念的流俗理解，从而改变人们思考某些伦理问题的方式，另一方面，实践之成为良好的实践，是由于它包含着 phronesis 这种"真实理性的实践品质"，亦即，获得合理性本身就是实践活动的一部分，惟明理才能更明慧地实践。就此而言，伦理学探究间接地关涉伦理行为，例如，纠正"一切行为皆在于追求快乐"这种流俗看法也许有助于行为者调整自己的行为方式，对"权力拜物教"的批评也许有助于改善立法以及进一步提升民主宪政政体的形象。良好的伦理学—政治学论理会促进实践活动中的明理，从而提升实践的品质。这一点反过来又对伦理学提出这样的要求：作为基于实践活动的论理，伦理学—政治学必须努力保持与实践明慧的联系，保持对实践活动本身的真切领会。遗憾的是，当今的伦理学—政治学研究中，广泛弥漫着对物理学的艳羡，不明所以地效仿物理学的客体化，一步步脱离实践活动中的明慧，失去对实践活动本身的真切领会，甚至干脆被弄成了物理学类型的理论。

§8 示范

前文再三申论，通常，我们不是从道理和理论，而是从模仿别人开始自己的实践的。刚开始写诗，你不懂诗学，你模仿李白或者济慈，刚开始画画，你不懂画论，你模仿八大山人或梵高。我们不是从慷慨这个概念学到慷慨，而是从慷慨大派的人那里。我们学习民主政治，主要不是靠研究民主理论，而是去了解英国政治家、美国政治家怎样处理政治事务，那里的普通人怎样处理身周的公共事务。民主理想体现在这个国家或那个国家身上，体现在华盛顿、杰弗逊与他们的选民身上，体现在英国、美国这些国家日常运转的细节之中。热爱民主制和民主文化的朋友，多半不是因为比较了各种政治制度理论之后挑选了民主制度，而是直接受到良好民主国家的吸引。我们从英美北欧而不是从菲律宾学习民主。学习共产主义也是一样。即使你一开始从书本上信服了共产主义，你在投身无产阶级革命的实践过程中，还是以列宁或托洛茨基或保尔·柯察金为榜样，以苏联的实践为榜样。C.C.霍鲁日在描述静修实践时说："为了获得静修主义经验，所需要的不是学习某种知识。获得这样的经验必须通过非常专门的经验……彻底融入长老的经验和个性之中。……在世界各地完全相互独立地产生的其他精神传统里，在佛教、道教里也都有同样的现象。"[1]不仅学习静修、画画、游泳、行医主要靠跟随师父实践，就连说理这样比

---

[1] C.C.霍鲁日，《拜占庭与俄国的静修主义》，载于《世界哲学》，2010年第2期。

较抽象的活动也要靠典范的熏陶才渐渐学到。各行各业的门道密切地交织在惯习之中，需要从演练中体会。虽然科学真理具有普遍性，不需要诉诸某种传统来为自己进行辩护，科学研究活动本身却是一种实践，潜移默化的言传身教仍然作用重大。研究科学发展的学者告诉我们，澳大利亚什么条件都有，但很多很多年，科学研究始终落后。听说在基础科学研究领域，中国的情况更糟。难怪，科学要发展，必须从科学传统深厚的地方引进人才来指导后起之秀。从一个细处说，研究科学造假的贾德森发现，"出身名门"的研究者几乎不可能造假。科学界造假案例增多，部分地即由于"随着科学事业的增长，研究者的血统在逐渐地淡化，导师的言传身教作用也在削弱"。[1] 如舍勒所言，"榜样原则处处都作为在伦常世界中的所有变化的原发手段。"[2] 一个行当中的佼佼者为我们提供了榜样，他们是现实生活中的理想，有血有肉，富有细节。每一种理想都有多种多样的示范者，每一个实践者在自己的生活实况中发现自己的榜样，从自己的处境、能力、需求来选择示范。这样的理想不同于硬行树立起来的模范，那样的模范固然也可能激起少年人的崇敬之情，但不可避免引向空洞与矫情。

舍勒更深的洞见在于，他主要不是在谈论仿效而是出于对

---

[1] H. F. 贾德森，《大背叛：科学中的欺诈》，张铁梅、徐国强译，三联书店，2011年，309页。

[2] 舍勒，《伦理学中的形式主义与质料的价值伦理学》，倪梁康译，三联书店，2004年，702页。康德当然反是，他说："没有什么比在伦理道德领域引鉴榜样更糟糕的建议了……在伦理道德那里根本没有模仿这回事。"（康德，《道德形而上学的奠基》，李秋零译，载于《康德著作全集·第4卷》，中国人民大学出版社，2003年，415页）我不得不再一次对康德表示异议。

人格（位格）、对存在的爱的追随："善的人格……仅仅依据它的可被直观和可被爱的存在与如在（如此之在）才具有那种榜样价值。"[1]实际上，你如果没见过慷慨大度的人事，你很难懂得慷慨大度是什么意思，这人有这人的大派，那人有那人的大派。听到用到这些语词，不能不依赖听者用者的经验。关于民主制度政治自由的理论讨论，若不基于对民主政体政治自由的了解，民主、自由就是些空洞的语词而已。

反过来，我们要求孩子或学徒这样做那样做，并不教给他们这样做那样做的道理，而就是教给他们怎样做。老师对学生最好的教育是自己去做，去把事情做漂亮，最好的学习是演练。老师观察学生的演练，加以点拨，不愤不启不悱不发，因为学生的缺点和疑点各个不同。有时候，我们给孩子理由，但理由是瞎编的，吃蔬菜长大个，骗人长长鼻子，很多事情的道理即使说出来，孩子太小听不懂。孩子依家长和老师的要求去做，通常不是因为他明白这样做的道理，他可能害怕不这样做会受到斥责和惩罚，他可能为了让家长高兴。实践活动不是从"懂道理"开始的。

从前，除了读书做官，少年人青年人差不多都是在做事情的过程中学习成长，甚至学道理，也是从习礼开始。今天，从小学到大学，主要在课堂上授课学习，在数学这样的科目上，多少行得通，但用滔滔不绝的说理来进行素质教育，只是自欺欺人。

---

[1] 舍勒，《伦理学中的形式主义与质料的价值伦理学》，倪梁康译，三联书店，2004年，702页。

前面说到，有时我们先要去做，然后慢慢体悟其中的道理，有时则先知道一个道理然后去施行之。体操、游泳，这些是身体的活动，在这类例子里，先行后知十分突出。但说到伦理规范，说到人生理想，似乎要先知道道理，然后才能施行之，朱熹所谓"义理不明，如何履践？如人行路，不见便如何行？"然而，道德本来不是脱离开一般实践的一个独特体系，我们学习一般伦理规范，大致也是这样。如亚里士多德所言，我们通过弹琴学会弹琴，通过行正义之事学会正义。在德性领域，就像在其他实践领域一样，典范有不可替代的作用。典范主要是通过默会方式起作用的，说理在培养德性方面作用有限。德性上的学习，主要不靠在书房读书或在礼堂听课，而主要在向身周的典范学习，"就有道而正焉"，如人行路，这一路都是怎样，一开始并不那么清楚，而是先跟着别人走起来。

那么，我们是盲目的？并非若无理论，行动就是盲的。行动是否盲目，主要不在作为典范的行动者能否说出一套道理，而在于他的做法是否合理。前面已经说过，所谓规范，是那些有道理的指令。教给孩子的是这一件事的做法，而孩子学到的是规范，即，学到了包含在这种做法中的道理。是否明言道理是第二位的，这里的关键在于，你教给孩子的做法有道理没道理。实践活动没有一套完全依靠取效来制定的客观标准，优秀的标准在很大程度上是围绕杰出实践者形成的。上文提到霍鲁日关于静修实践的论述，他在那段话后接着说：在静修实践中，"我获得了一种经验，如何知道这个经验是否正确呢？当然最简单的途径就是去问问已经拥有丰富经验的人"。①

我们身周有种种人、种种做法，我们应当以谁为典范呢？初学者怎么知道谁经验丰富，谁只是积攒了一连串的教训？这的确是一个问题，但这个问题不似初看起来那么严重。知道这样做而不那样做是好的，最突出的标志是成功和名望。当然，它们并不同于卓越，然而，如维特根斯坦反问：有什么比成功更具说服力呢？初学者不大能够分辨卓越与流俗，最简便的办法是从标志着眼，从成功与名望着眼。我们不可能一开始就对某个行当具有内在领悟。哲学生读黑格尔，不是因为他一开始就读出了妙处，而是老师和高年级同学都说黑格尔重要。

初学者追随谁，本来难免偶然，他一开始也不大能够分辨优秀与流俗，梵高的画和一幅行画摆在那里，初学者把那幅行画当作典范。他无须认出真正的卓越，他只须认出长于自己的，模仿着这样做那样做。若这样做而不那样做是好的，是有道理的，慢慢地，他会明白其中的道理。上进一步之后，他的眼界就可能转变，认得出更卓越的东西，如此一步步进入一个传统。师傅领进门修行在个人，随着心智的生长，随着审美能力的生长，他后来不再把那幅行画而会把梵高当作典范。上文引用霍鲁日说要常常去问问已经拥有丰富经验的人，这个"问问"不是站在一个传统之外去打听什么，而是"彻底融入长老的经验和个性之中"。学习者总是根据自己的发展阶段和自己的领悟水平识认典范。他初学时的典范，后来虽被抛弃，却是达到更高标准的必要阶梯。德性方面的学习教化，跟审美方面

---

① C.C.霍鲁日,《拜占庭与俄国的静修主义》,载于《世界哲学》,2010年第2期。

的教化十分相似,我们的艺术"品味"如此生长,我们的人生"品味"也是这样生长起来的,并不需要多少理论指导。实践者融入榜样的经验和个性之中,培养起来的是 phronesis,是洞察力,而不是理论知识。

我们把义人作为典范来学习,而义人成为典范,却不是为了成为典范做事情,他只是为了解决他的问题而已。他把事情做得那么漂亮,于是成为我们学习的典范,而一上来要把自己做成典范这就颇有点儿古怪。英国人本来是在解决他们自己的政治问题,发展出一套近代政治方式,当其他国家也开始进行现代化转型,也或主动或被动地纳入了世界体系,发现这套政治方式不错,遂起而学习和效仿。司马迁一心写他的《史记》,华佗一心给病人治病,后来的实践者以他们为表率,把他们的所作所为树立为标准,于是,他们成为一个实践传统的权威。权威激发从业者的热情,调动其心智,尤其,使从业者对自己的业行生起敬畏之心,从而使一个业行具有凝聚力。爱一个业行与对该业行权威的尊崇编织在一起。我们知道,不带敬畏的热情来去无端。权威保障了传统的稳定性,没有权威就谈不上传统。两千多年的儒学传统提供了一个突出的实例。[①]

今天的主流观念是反权威的,推崇个性、质疑、独立判断。近年来,更有不少论者把权威和权力完全等同起来。我使用"权威"这个词,取的是词典里的第一解:令人信从的力量和威望。但"权威"由"权"字打头,而且,在现实生活中,

---

① 郁振华在他的《人类知识的默会维度》一书中专有题为《传统、权威和原创性》的一章,以波兰尼为主综合介绍了近世西方学者对相关问题的阐论。见郁振华,《人类知识的默会维度》,北京大学出版社,2012年,第十二章。

一个业行中有力量和威望的人物往往也手握权力，所以我袭用权威这个词时难免心存犹豫。更有甚者，由于实践传统在当今逐渐式微，各行各业的"大佬们"越来越失去其威望，其"权威"越来越依赖于赤裸裸的权力。我们现在广泛诟病学术领域中的行政化，这种情势造成的种种弊端之中，最严重的一种就在于它用权力取代了权威。[1] 固然，在权力的指挥棒下，"学术成果"仍在一批批生产出来，学术人却渐失对学术的热情和敬畏。权威的一个重要意义在于没有证据或充分证据的情况下给予保证，反过来，一旦权威人物或权威机构丧失了权威，它将从负面扩大其影响，即使它说的是真的，也会被自动认为是假的。

然而，这不是我们混淆威望和权力的理由，毋宁说，正因此，我们尤其应当注重威望和权力之间微妙而根本的区别。"服从权威"不同于"臣服于权力"。臣服于权力完全意在取效，如果不服从权力也能获得同样的收益，没有人愿意服从权力。而我们服从权威，缘于我们对一个业行的热情，缘于我们想要在这个业行中做得优秀的荣誉感。我越是希望成为优秀的实践者，我就越发体会到权威的力量。粗说，一个人的权力来自他在制度中所处的位置，而威望则来自他的成就——这包括其成果的外向效用，但更在于其成果的内向效用，即它们在何种程度上促进了一个传统自身的发展。威望在威望者身上，权力则在权力者所占的位置上。威望者凝聚传统，保障传统的自主性，而权力则瓦解传统。

---

[1] "如果根本就没有权威，那就只有权力了。"见伯纳德·威廉斯，《真理与真诚》，徐向东译，上海译文出版社，2013年，11页。在引文所从出的这一节（第一章第二节），威廉斯对权威和权力的异同做了富有启发的分辨。

第六章 快乐、幸福、良好生活

§1 快乐是不是好的[1]

我在§5.7申论,快乐不快乐不能脱离开整体生活来考虑,屈原虽然郁郁寡欢,但他并不因此就有心理问题或性情问题。但另一方面,我也承认,郁郁寡欢、悲观、绝望,这些是"负面的心理状态"。快乐似乎天然是好事,当父母的,谁都愿意孩子快乐,不愿意孩子痛苦;每逢过节的时候,我们祝亲友节日快乐,没有祝他不快乐的。我们自己也愿意快乐而不愿沮丧,碰到沮丧的时候,我们希望它赶紧过去,快乐当然也会过去,但我们不会盼它消失。荀子在他讨论音乐的一篇文章开首就说:"夫乐(音乐之乐)者,乐也,人情之所必不免也。"(《荀子·乐论》)的确,有一种主义,把善好等同于快乐,认为人生的目的就是追求快乐,这被称作"快乐主义"。把快乐等同于善好的一个主要论据是,人似乎都追求快乐,而且不是把它作为手段而是为其自身来追求——一个人在享乐的时候没有人问他为什么享乐。英国哲学家多半持快乐主义,休谟说:"人类心智的主要动力或推动原则是快乐和痛苦";[2] 道德亦不例外,"美德的本质惟在于产生快乐,邪恶的本质则惟在于造成痛苦",因此,道德的全部效果一定都来自快乐和痛苦。[3]

不过,把快乐等同于善好似乎走得太远了。让我们想想,

---

[1] 本章很大一部分内容曾写入《快乐四论》与《快乐三题》,收于陈嘉映,《价值的理由》,中信出版社,2012年。
[2] 休谟,《人性论》,关文运译,郑之骧校,商务印书馆,1980年,574页。
[3] 同上书,330—331页。

《西游记》里谁最快乐？好像是猪八戒。猪八戒好吃好色，好耍不怎么聪明的小聪明，偶或也英勇一下子。除了有时嘟囔抱怨，他过得高高兴兴。这个形象真是塑造得出色，我们，我们男人，都有点儿像猪八戒，有可爱处，也怪可恨。不管可恨还是可爱，我们一般不挑选猪八戒作为良好生活的典范。《石头记》里谁最快乐？想来想去，也许是薛蟠。《安娜·卡列尼娜》里谁最快乐？也许是奥勃朗斯基。回到现实生活，一个小官僚，性格挺开朗，人缘挺好，能哄住上司，也能应付同事下属，不怎么焦虑地做点儿公务，然后吃点儿、喝点儿、玩点儿、拿点儿、贪点儿。他过得挺快乐，却不算善好。听说，雷政富同志就蛮快乐，当然，他被抓起来了，不快乐了。但还有千千万万个雷政富没有被抓起来，他们仍然快乐着，偷着乐。

反过来，屈原忧国忧民，不怎么快乐。顾准、遇罗克、刘宾雁，为真理为正义事业奋斗，却很难说他过得快乐。你看，好莱坞电影里那些英雄人物，为家人为国家利益跟坏蛋缠斗，成天板着眉眼。耶稣快乐吗？《复活》里的聂赫留道夫，忏悔之前过得挺快活的，后来跟着玛斯洛娃去流放，不那么快活了。但也许那时他才成为善好之人。

嗑药的快乐好吗？妻子醉心于新情人却严丝合缝哄着你，你为她的"一往情深"而快乐，这样的快乐好吗？这一类快乐"与事实无关"，苏格拉底称之为"虚假的快乐"或"错误的快乐"。（《斐莱布篇》，40）完全被人欺蒙还好说，但这类"虚假的快乐"往往杂有自欺，例如在包法利夫人那里。这还没完，此外还有人幸灾乐祸，有人行强奸，有人虐杀动物甚至虐杀人类并因此快乐，以此求乐。想到虐杀者和强奸者也能获得的快乐，我们似乎很难再坚持快乐总是善好。

不过，思想史上的"快乐主义者"，主张的并不是不问哲学一心吃喝玩乐。这种街头实践快乐主义者，像《列子·杨朱篇》里的朝穆，朝朝暮暮都要快乐，"为欲尽一生之欢，穷当年之乐。唯患腹溢而不得恣口之饮，力惫而不得肆情于色，不遑忧名声之丑，性命之危也"。快乐主义哲学主张的却不是这一路快乐，更不是强奸虐杀的快乐。亚里士多德把尤多克索斯（Eudoxos）称作第一个"快乐主义者"，但据亚里士多德，尤多克索斯生性节制，不耽于享乐。最出名的快乐主义者是伊壁鸠鲁，后世干脆把吃喝玩乐派称作"伊壁鸠鲁之徒"，但伊壁鸠鲁本人所提倡的不是这个，他说："我们说快乐是主要的善，并不指肉体享受的快乐；使生活愉快的乃是清醒的静观。"看来，哲人的快乐和我们的声色犬马之乐是不是同类，我们甚至要怀疑哲人的快乐不是我们所说的快乐。

近世的功效主义伦理学持快乐主义主张，这我们已经在第二章谈到。功效主义或一般快乐主义并不否认，在现实生活中，我们不能一味快乐，倒常常去做很不快乐的事情。据说，那是我们因了长远的快乐，不得不放弃了眼前的快乐。弗洛伊德的"现实原则"说的也是这个：性本能和自我本能原本都是求快乐的，但自我本能比较乖觉，很快就受到必要性的影响，开始修正快乐原则，臣服于现实原则。不过，这个现实原则，"归根结底也是在追求快乐——尽管是一种被推延和缩减过的快乐，同时也由于其合乎现实而保证能够实现的快乐"。[①]

[①] 弗洛伊德，《精神分析引论》，高觉敷译，商务印书馆，1984 年，285 页。

常见的论证套路是：声色犬马之乐虽然乐于一时，却不能长久快乐。我们是有远见的动物，不能只看眼下是苦是乐，快乐不快乐还须从长计议。街头女子来拉客，你可能颇想和她快活一番，但想到万一扫黄抓个正着，拘留、罚款、老婆闹离婚、单位下处分、邻居白眼，这些事情当然都不快乐，你算下来，不快乐超过了和那卖春女子的一番快乐，决定转身而去。很好；不过，当然也有相反的情况：也许你明明算下来不划算，但还是屈服于欲望的诱惑了。是否屈服，还要看诱惑有多近身，要看欲望是否已被挑起，虽然这些因素并不改变跟那女子快乐一番的快乐量。也许，虽然快乐量客观上不变，但诱惑临近，欲望膨胀，会让头脑糊涂，容易算错。但若绝没有被扫黄撞上的危险，你还是断然拒斥以这种方式快乐一番，这大概是因为，你计算下来，做个道德君子的快乐大于买春的快乐。

　　快乐计算是从利益计算来的。我们会权衡长远利益和短期利益。越是能够量化的利益，我们越是能进行短期和长期的比较，例如这只股票现在该不该抛出。数字不带时间性，或者说，数字把时间性也纳入了计算之内。套用股票模式来谈论眼前快乐和长远快乐则十分可疑。固然，利益是个极宽泛的词儿，但无论多宽泛，它通常并不包括快乐。父母的确会教育孩子说，你别只顾玩乐，想想到了考试那天你怎样办。这话说给坚定的玩乐主义者并无多少力量，他会回答说：管它是得是失，我先快活了再说。我们一般只谈论未来的赢利亏损，很少会谈论"未来的快乐"。快乐是带着时间性的。快乐、痛快这些汉语词差不多从字面上透露：快乐快乐，不仅乐，还快；甚至，只要快，痛都痛得痛快。快哉此风，快意恩仇，喝个痛快，引刀成一快，都是快并乐着。两杯啤酒拖着喝了一夜，就没有什么乐了；一刀毙命或可大笑对之，凌迟就怎么都乐不起来。快乐要快，来不及权衡。事事权衡，恐怕只发生在那些从不知快乐的人身上。

苦乐计算还有其他困难，如我们在§2.3曾疑问，如果一个人的快乐来自另一个人的痛苦，该怎么加减？——直愣愣说，虐杀者和强奸者获得的快乐也要计算在快乐总量里吗？

功效主义者也许会争辩说，虐杀这样的事情并不会让人快乐，只会让人不快乐。边沁、密尔都是高尚君子，他们似乎不能设想作奸犯科也能让人快乐。若人人都是那样的高尚君子，不会因粗鄙恶劣的活动快乐，那么剩下的只有高尚的快乐，快乐就一定是好的了。可惜，仁者稀俗人众，作奸犯科而仍然高高兴兴的人其实也不在少数。施虐者感到的不是快乐？可你看他，一边施虐一边喜笑颜开，他乐此不疲。就算讲到正派君子，上述争辩似乎也倒果为因：大概是由于有了这样的风俗、习惯、法律，他们才会因为作奸犯科抵触了这些而不快乐，却不是因为要防止我们不快乐，人类才制定出法律等来禁止这些活动。如果这些活动天然就让所有人都不快乐，恐怕就无须制定法律来加以禁止了。

理论家总想用同一把尺子来衡量人的一切活动。人家踏春嬉游，你苦背英语单词，他就说你是放弃眼前快乐追求长远快乐；人家玉盘珍馐，你去救助灾后伤员，他说是因为你觉得给这些伤员倒屎倒尿比玉盘珍馐更快乐。要是一旦信服了这样的理论，倒屎倒尿真的变得比踏春宴乐更快乐，我觉得倒不妨相信这样的理论。

考虑到嗑药和施虐快感，我们似乎很难再坚持快乐就是善好，最多说，有德会让人快乐。斯多葛哲学一般认为，若说德性与快乐有什么联系，那并非因为德性带来快乐，所以我们把德性视作善好；而是因为德性是善好，所以德性也带来快乐。斯多葛哲人马可·奥勒留皇帝则认为，快乐和痛苦无关德性，因为无论善人恶人都会有快乐也都会有痛苦。尼采也认为快乐和痛苦没有道德意义，以快乐和痛苦来评定事物价值的学说幼稚可笑。他以其特有的尼采风格说道：追求快乐不是人的天性，那只是英国人的天性。

希腊盛期，柏拉图和亚里士多德这些哲学家强调德性和智慧，但也不排斥快乐。此后，希腊的社会情况发生了巨大变化，希腊人的精神气质也发生了巨大变化。斯多葛主义的兴盛是突出的一例。他们只求德性，不求快乐。至基督教兴起，尘世快乐不仅不与善好合一，倒多半含有罪孽的意思。这里不能不说到苦行主义者，他们不追求快乐，反而追求受苦。

快乐就是善好这一命题的确会碰到很多困难，但另一方面，快乐这个词却似乎生就带着某种正面的意味。你尽管主张快乐无关德性，尽管主张快乐是种罪孽，一不小心，快乐又冒出来了。《新约》里还是保留了不少表示快乐的希腊词，用来表示敬神的愉悦和欢乐。咱们毛主席时代，很多正面的语词停用，美感、爱情、人性、善良，都灭了，享乐主义更成为一桩大罪，但见到毛主席，无比快乐，共产党领导下，幸福万年长。不管孔子颜回过得快活不快活，人们都说"孔颜之乐"，不说"孔颜之苦"。庄子、尼采这一路高人，向来不以快乐为意，像超出善恶一样超出苦乐。但在庄子那里，最高的超然还

是乐,至乐。尼采也一样,我们都知道《快乐的科学》这个书名,是的,尼采看到,快乐里含着志意的永恒:

> 世界深深,
> 深于白日所知晓。
> 是它的伤痛深深——,
> 快乐——却更深于刺心的苦痛:
> 伤痛说:消失吧!
> 而快乐,快乐无不意愿永恒——,
> ——深深的、深深的永恒![1]

或者,从负面说,不仅强奸和虐杀这些活动可恶,因它们感到快乐也让人厌恶——甚至,"虐杀的快乐"、"强奸的快乐"这种话听起来都别扭,就仿佛把虐杀者、强奸者的感觉叫做"快乐"是对受害人的进一步侮辱。

也许,快乐不能一概而论,我们应当把可鄙的活动和高尚的快乐区分开来。既然把有些快乐叫做可鄙的快乐,它当然是不好的,但我们该怎么区分何为可鄙何为高尚呢?

旧时候,人们往往引入肉体(或感官)和心(或精神)的区别——心灵的快乐是纯洁的快乐,因此是好的,肉体的快乐则不那么纯洁,要么混合着痛苦,要么过后跟着痛苦。(《斐莱布篇》,240)这听来是个奇怪的观察。发廊买春,完事走人,不必混杂任何痛苦,只要留心别染上性病,事后也不见得会有

---

[1] 尼采,《查拉图斯特拉如是说》,孙周兴译,上海人民出版社,2009年,417页。

什么痛苦。反过来，心灵的快乐也许更为纯洁，但那意思未必在于心灵快乐是一味快乐，聂赫留道夫忏悔之后，获得了"心灵上的快乐"，但也始终伴随着心灵上的痛苦。我恐怕，凡心灵的快乐，多半和辛苦、艰苦、痛苦、苦难、忧伤、悲悯连在一起。

一般说来，我们应慎用心灵/肉体、精神/感官这类范畴，它们混杂地积淀了历来关于心灵/肉体、感性/理性的纷繁学说。你乐于打网球，在球场上狼奔豕突，汗如雨下，这时你是身体在承受痛苦而精神在享受快乐吗？由虐待他人而生快感，很难说施虐者获得的是肉体上的快乐而非心里快乐。很难想出什么情形，那里只有纯粹肉体的、感官的快乐，柏拉图早就告诉我们说，若没有理知、记忆（memnesthai），你甚至不知道自己是不是在享受快乐。反过来，好友聚会宴饮，有情人间欢爱，肉体好像是跟精神一起快乐着。听一曲莫扎特，得到了感官的快乐还是精神的快乐？没有耳朵这个感官，精神该怎么享受莫扎特？宴饮之乐不如礼乐，施虐快感恶劣，但不在于它们"更加肉体"。

§2 目的与欲望

快乐是善好，快乐无所谓好坏，快乐是坏的，孰是孰非？我们恐怕需要另辟蹊径来探讨快乐问题。

快乐主义把快乐视作生活的目的。吃喝常被引为求快乐的活动。然而，平常吃饭喝水无所谓快乐不快乐，说为了快乐吃饭喝水更不着调。喝水、打球、读书、睡觉、帮助别人、吸烟，哪种活动我们会说，我为了快乐做这个？且不说吃饭、睡觉、读书不一定快乐，即使快乐，也不等于我是为快乐去做它。拾荒的妈妈为了供养儿子上大学含辛茹苦，现在，她儿子考上耶鲁，她很快乐，但她当初却并不是为了追求这种快乐而受苦。一位母亲为了营救含冤入狱的儿子，荡尽家产，毁了身体，她为了什么？这不已经说到了——为了救儿子出狱，而不是为了获得儿子一旦出狱时的那份快乐。受虐快感还谈得上是快感，但一个人在万般苦痛中求生，却不是为了追求快感也没有获得快感，他简简单单就是在求生。

有些哲学家，如斯彪西波，声言人生的目的不是为了追求快乐，而是为了避免痛苦，或者说，所谓快乐，无非是避免痛苦。其所持的一个论据是，逃避痛苦的冲动更强于追求快乐的冲动。不管"避免痛苦"这个说法是否优于"追求快乐"，这种主张仍然深陷对行为目的的误解。暑天跋涉，没的水喝，的确难过，找到一泓清泉畅饮，的确爽快，然而，谁会说"我为了消除痛苦喝水"？把这番畅饮说成是为了消除痛苦，就像说成是为了得到快乐一样不得要领。渴极了喝水和平常喝水一样——尽管渴极了喝水更感快意——是为了解渴,既不是为了追求快乐,也不是为了避免痛苦。

我因为口渴去找水喝,这个"因为"指涉的是需求与欲望,不是目的,不能改写成"为了"。欲望在后面驱动我做什么,目的在前面引领我做什么。我不为了什么吃饭。在特殊情况下,我会说我"为了"恢复体力吃饭。什么时候我会说这个?——我没有食欲,却坚持吃饭。这时候,我吃饭是由目的引导的,不是由欲望推动的。

我们有时被目的领着走,更多的时候被欲望推着走。还有的时候,我们被欲望搅得晕头转向,转来转去,生活失去了目的。

也有时,我们既不是被目标领着走,也不是被欲望推着走,我们就这么走着。我百无聊赖,打开电视,随便一个什么烂电视剧就看下去——我被什么欲望驱使?被什么目的引导?你若问,这么个烂电视剧,你看它干吗?我只好回答,因为无聊。无聊不是一种目的,也不是一种欲望。

§3 快乐内融在活动中

"乐"的一个主要意思是愿意去做,喜欢去做,有人乐道,有人乐业,有人乐宴乐,有人乐得。结晶在词义里的道理是些很基本的道理,不过,要正确领会这些道理并不容易;尤其当我们要构建自己心爱的理论,更可能有意无意间乐于被字词释义误导。从乐业、乐此不疲这类说法引不出我们追求快乐,它们简简单单就是说快乐地做要做的事情。做事做得顺利,所设的目标一步步达到,我们会快乐,但我们本来是去达到目标,而不是追求达到目标时的快乐。当然,同样都能把事情做成,我们会"避苦求乐",不去平白为自己找苦吃。[①]

欲望得到了满足,我们会快乐,但我们本来是被欲望驱动去满足它,而不是追求欲望满足后的快乐。快乐主义这种初级反思把快乐当成了行为的结果,再进一步当成了生活的目的,由此产生了不少似是而非的议论。还是尼采说得好:"快乐并不发动任何事情。"[②]

一般说来,所做的事情是核心,而快乐,如亚里士多德早就指出,"像是一种伴随物"。"伴随"这个说法有时会误导。是什么伴随着行为,一种模样还是一种情绪?你赢了一场业余网球选手锦标赛,捧起奖杯,眉开眼笑,的确一副快乐模样。但刚刚比赛之际,你扣杀、救球,肌肉绷着,眉眼皱着,东突

---

① 苦行主义者平白为自己找苦吃,下文再谈。
② 转引自 D. J. 奥康诺,《批评的西方哲学史》,洪汉鼎等译,东方出版社,2005 年,740 页。

西奔，汗如雨下，一点儿都不像快乐的样子。又在何种意义上，有一种快乐的情绪伴随着你？快乐并不是在外部伴随着活动，多半时候，快乐内融在活动中。久别重逢的朋友相聚伴随着快乐，这并不是说：相聚是一回事，快乐是一回事，在这里，快乐和相聚只是在形式上可分的，不可误解为实质上可分的，仿佛快乐是一种东西、一种调料，现在加在朋友聚会中，下次加在网球比赛中。哲人常说到追求真理的快乐，他们并非一边追求真理，一边还感到快乐。追求真理的快乐不能脱离追求真理这种特定的活动。

我们做所乐为之事，快乐融嵌在行为中。快乐可能完全融化在行为里，乃至除了行为，情绪是否快乐全无所谓。为了区别于情绪上的快乐，我曾把这种融化在所事之中的快乐称作"志意之乐"。"志意"这个词是我编造的，好在望文生义，大致还通顺。乐于打球，乐于解题，虽苦犹乐，以苦为乐，孔颜之乐，通常都是志意方面的。快乐的情绪让人喜笑颜开，志意之乐诚然也有外部标志，但和喜笑颜开可能毫不搭界。贸贸然看上去，解题人眉头紧锁，登山人呼哧带喘。快乐作为一种情绪有来有去，笑容时间长了会僵在脸上，志意之乐却是长久的——并非我们会在这里找到一种持久的情绪，孔子也会生气、发火、哀叹，但孔颜之乐根本不是一种情绪，而是志意之乐。

我愿提到，谈论性情的词，多半有志意这一端，比如热情，见人就招呼，声色洋溢，是热情的显例；但热情的另一端，是执著于某人、某事，看上去并不是那么热气腾腾的。

再说审美愉悦或审美快乐吧。"审美"这个词本来就有疑问，但现在只说"快乐"。有人说，初读《堂吉诃德》时大笑，再读时掩卷无语，后来读时大恸。审美的愉悦，实在也有情绪之乐与志意快乐之分。通俗作品也许会让人像吃糖果一样产生某种快乐，精深的作品若说让人愉悦，则多是志意的快乐。看悲剧的时候，人通常并没有一种情绪上的快乐、形体上的快乐。人们常随亚里士多德说到恐惧与怜悯，显然，恐惧不是一种快乐。怜悯也不是——怜悯时感到快乐是什么样子？幸灾乐祸的样子？"表现丑"的作品也会让人"愉悦"，与以苦为乐同属一族。

志意之乐是健康向上的快乐，有别于溺欲之乐。同为听音乐、看舞剧，细审，其乐未尽相同，有时与健康美好相连，有时只是沉溺于声色。贪食而求肥甘，这是溺欲之乐，引来道德家批评。朋友相聚宴饮，情人间的欢爱，竞赛胜出的快乐，虽然拔不到乐道的高度，但"顺其道则与仁义礼智不相悖害"。

快乐伴随或内嵌在活动中，这样想来，快乐是不是好的，要看与该快乐联系在一起的活动好不好，高尚活动带来的快乐是好的，可鄙活动带来的快乐是坏的。中国古人区分乐道/乐欲，乐礼乐/乐宴乐，区分先王之乐/世俗之乐，前面的都是有益之乐，后面的都是有损之乐，至于施虐的快乐，当然更让人不齿。《尼各马可伦理学》一开始似乎接受了快乐至少是一种善好的说法，但后面多处谈到"可鄙的快乐"。亚里士多德还着眼于与快乐联系在一起的是何种活动来区分快乐之为善好的品级：理知活动高于视听，视听高于吃喝，据此，视听的快乐高于味觉、触觉的快乐，理知活动的快乐高于视听的快乐。也许有很多人不肯认为理知高于吃喝，不过这并不影响快乐的好坏和等级取决于因之快乐的活动这一基本论题。

高尚的活动本身就快乐呢，抑或高尚的活动另外还需要附加快乐？亚里士多德多次说：没有活动，快乐就不能生成，但唯有快乐才能使每一种活动变得完满。这似乎可以理解为，人们在追求优秀的同时也追求快乐。不过，亚里士多德更多的时候看来是主张高尚的活动本身就快乐。"至于我们到底是由于快乐而选择某种生活，还是为了某种生活去选择快乐，目前且不去管它。两者是紧密相连的，看来谁也不能把它们分开。"好吧，目前且不去管它，到后面再说。

§4 求乐

我们追求这个那个，有时追求的过程就带着快乐，有时追求到手得到快乐，这些都不等于我们在追求快乐。然而，我们似乎也不能否认，有些活动所追求的是快乐本身，就在"找乐子"。在做的具体是什么无所谓，只要快活就好。詹姆斯区分"快乐的行为"和"追求快乐的行为"，嗑药、买春、溺乐，都属后面这一类。

"快乐的行为"，所为之事是核心，快乐内融在行为中，"追求快乐的行为"，快乐成为目的，其他种种，都是求乐的手段。不妨比较一下买春和情人间的欢爱。买春的人跟谁做无所谓，只要能带来快乐就行，自不妨说，求快乐就是他的目的，卖春女只是他达到目的的手段。情人间的欢爱却不能用手段/目的来分析，这一份快乐和这一个情人融为一体，两情相悦，自然而然缱绻难分。缱绻之际涌来多少快乐，我们不得而知，但那快乐自然涌来，不是他们所要求的目的，拥在怀里的情人，更不是达到目的的手段。贤者说，这才是真快乐。智者说，不花钱的性是最好的性。

上文说，快乐分成不同品级，而所谓快乐的品级其实是"快乐的行为"的品级，即快乐内嵌于其中的行为的品级。找乐子，或"追求快乐的行为"，其是否不良，其不良的程度，则要看用来追求快乐的是何种手段。八卦来八卦去、看个电视剧，有点儿无聊，倒也无伤大雅。饕餮、吸食麻醉品，对自己的身体和精神不利。买春直接间接伤害到卖春女。以施虐的手段来求取快乐，不良程度当然更甚，如果这时还说快乐，那的确是邪恶的快乐。

我们即使不跟着道德家去讨伐买春或嗑药，终归不愿自己的儿女去做这些事情。亚里士多德从来不站在苦行僧一边指责快乐，但他还是要说，君子一心专注于高尚的事业，服从理性，而鄙陋之人所期望的就是快乐。再退一步，我们大概还是会承认，比起找乐子，因健康饱满的活动而获得快乐要更为可取。好吧，就算我们全然不加道德判断，最好也能看到找乐子有点儿异样，从而不至于把所有人类活动都说成是为了追求快乐。

当然，话说回来，如果我们的生活变得那么不健康，整日苦苦营生挣钱，恭迎上级检查工作，算计别人压抑自己，不再能从日常活动中得到一点儿快乐，那谁都会忍不住高喊一句：我们要为快乐生活！

§5　苦乐交织与以苦为乐

大多数人大多数时候是在做事，而不是在找乐子。事里，做事里，有苦有乐。

我们乐于做这做那，虽然没有哪件值得去做的事情不含辛苦。我们不是要用辛苦的过程去换快乐的结果。挥汗如雨打一场网球，并不只到了捧起奖杯时才乐，你同样——甚至更加——乐于在赛场上奔跑击球。通常，苦乐难分彼此。拉扯孩子长大，好不辛苦，但也乐在其中。登览华山，无须计算攀登的快乐、山光云影怎么抵消汗水和气促，不需要辩证法，这里，一分艰苦本身就是一分快乐。据王朔观察，成年男人喜好的东西多半带点儿苦味：烟草、茶、咖啡、老白干、探险、极限运动。幼童的苦乐也许截然分明，但在成年人那里，快乐往往和痛苦交织在一起。呵呵，痛，并快乐着。

苦提升了乐的品质。大快乐是经历了痛苦的快乐，被苦难提升了的快乐。带苦的快乐实际上差不多是高等级快乐的一个标志。

人并非一味避苦求乐，面对艰难困苦，有人迎难而上。苦难让人英雄。我们围在那里听过来人讲他苦难的经历，一脸崇敬。有的人因此喜欢讲述自己的苦难、痛苦、困厄、孤独。甚至不面对听众也要自我悲情一番，从心里夸大自己的孤独和痛苦。细计较起来，让人英雄的不是苦难，而是对苦难的担当，是战胜苦难，是虽经了苦难仍腰杆挺直，甚至乐在其中。"为什么德性、勇敢、力量、豪爽和果断受人尊敬呢？如果没有痛苦挑战,它们又将从何处显出它们的本领呢?"[1]乐于行难为之事,得大快乐。当然,就像我们不是为了快乐生活,迎难而上并不是去选择苦难;有志者投身一项事业,哪怕它要带来苦难。我们崇敬英雄,因为他不畏苦难去从事英雄的事业,而苦难没有压倒他。单单苦难与大快乐毫无关系。被无端而来的苦难压垮,会让人怜悯,却不会让人崇敬。因此,大多数听众,听英雄讲述过去的苦难,崇敬之余甚至有几分羡慕,却不准备在自己今后的生活道路上选择苦难——苦难通常把人压垮,而非使人更加坚强。

那么,苦行者呢?他似乎在为自己制造痛苦。他当然不是制造出痛苦以便享受消除痛苦时的快乐。他不曾期盼最后会获得快乐的结果,吃苦就是他的目标,扛住苦难就已经是结果。浅一层说,他是在锻炼自己,等不及大作为必定带来的艰辛困苦,先就自己找苦头吃,以此锻炼自己未来从事的耐受力。有为的青年,都曾这样那样地为吃苦而吃苦。反过来,得避苦就避苦的青年,一定性情单薄。为吃苦而吃苦,初看起来和找乐一样,把苦乐从具有实际意义的处境割离开来,其实两者大不相同,因为勇于吃苦本身就含有向上的志意。为吃苦而吃苦天然就丰厚,不同于找乐那样单薄。深一层说,苦行主义者的眼界超出所有尘世的目的,我们觉得值得去做的事业,以及因此值得去承受的苦难,都落在他的眼界之下。我们无法在尘世目的的清单中找到苦行主义者之所趋,他之所乐单只由他乐于苦

---

[1] 拉伯雷,《愚人颂》,转引自周辅成,《西方伦理学名著选辑(上卷)》,商务印书馆,1964年,413页。

难来宣示。苦行主义总与某种超越性相联系，或者反过来说，超越性必定以某种形式的苦行来体现，尽享安逸而大谈超越只能是欺人或自欺的奢谈。

§6 快乐的天然位置

初看,快乐这个词的用法实在混乱。俗人沉溺于声色犬马,乐;士攀登希夏邦马峰,也乐;志小人为轩冕而乐;徒甚至从施虐求乐;颜乐道,陶渊明乐乎天命,还是乐。这些"快乐"有什么共同之处呢?也许,我们得靠测量多巴胺分泌水平找出"所有快乐的共同点"?但恐怕找到也无济于事,因为,就像无法通过去甲肾上腺素分泌水平来理解屈原的抑郁,我们不能通过多巴胺分泌水平来区分施虐快感、宴饮之乐、孔颜之乐。"如果有人声称这些不同种类的快乐都是相同的,那么他肯定是个傻瓜。"(《斐莱布篇》,12d)

共相观念也许过于老套,各种快乐可能具有家族相似——施虐者在施虐过程中眉开眼笑,跟孩子吃冰淇淋的样子有家族相似,施虐者乐于施虐——他主动去做这事,跟登山队员有点儿相似。然而,像这样在浮面上寻找共同之处或家族相似,即使找到,也不曾触及找乐子、以苦为乐、施虐快感、孔颜之乐这些现象异同的关节何在。

若说各种正常的快乐有什么共同之处,那恐怕是一种相当"抽象"的共同之处——快乐上扬。生长是快乐的,哪怕步步伴随成长的烦恼;伴着孩子成长是快乐的,哪怕为人父母的含辛茹苦。我们说喜气洋洋,不说喜气沉沉,说 cheer up,不说 cheer down。节庆日,小镇的居民身着华服,歌舞游行,快乐饱满、上扬、洋溢。欢乐的空气笼罩了你,把你带入欢快的人群,时歌时舞,快乐的心情融合在快乐的环境之中。

前面曾说到，快乐不一定指涉情绪。即使快乐这个词首先指涉情绪，它也不限于情绪。我们也说快乐的活动，快乐的场面，快乐的环境。环境是快乐的，未必是我们把情绪投射到环境上，通常是反过来，身处快乐的环境，我们的心情变得快乐了。美好的物事自然而然让我们快乐。这种快乐，这种上扬，是个整体的态势，融合着旺盛的情绪、健康的身体、积极的从事。我们祝朋友快乐，并非只是祝愿他有快乐的感受，而是祝愿他整体上健康、饱满、洋溢。快乐从情绪感受着眼指称这整个情势，而不是单单指称这种情势中的情绪感受。

快乐是一种上扬的态势，快乐的心情自然地属于健康上扬的情势。我们说，快乐本身是好的，这话不是说，把快乐的情绪从一种整体状态中抽离出来，这种情绪本身是好的。作为这样一种与整个人、整体环境脱离开来的情绪，作为多巴胺本身，快乐无所谓好不好。虐囚者的多巴胺水平可能大大高于颜回。若说快乐本身是好的，这个"本身"说的是快乐处在它"本然的位置"之中——当快乐由向上的活动所引发，当它融合在上扬的情势之中，快乐是好的。

健康的身体、积极的从事、美好的环境，这些是快乐心情的本然位置。而且，我快乐，不仅与我的健康、我的积极活动连在一起，也与他人的健康、积极活动与他人的快乐连在一起，所谓"与人乐乐"。若从这种自然联系中抽离出来，与健康洋溢的整体状态脱节，快乐就变得孤立而残缺，它就不那么好了。一味求乐就是如此。

溺乐之为乐孤立而残缺。等而下之，若下流的活动竟引发快乐，若快乐坐落在毁败和伤残之中，它就是不自然的、变态的快乐。这里说到"变态"，前一章曾说明，这种变态并不是心理科学所说的心理疾患，但它也不只是一种负面的道德评价，而首先是对事态的一种刻画。在施虐者那里，一种上扬的情绪被硬生生按到一种下作的活动上，整个情形是那么不自然，乃至把快乐这个词用到施虐者身上不能不感到犹豫，忍不住在其前加上邪恶、变态之类的形容词。实际上，这时候我们倾向于不说施虐的快乐，而说施虐快感，以便多多少少提示出这里说到的只是一种情绪，与快乐的自然环境脱节的情绪。

有人也许会觉得应当把可鄙的活动和它带来的快乐分开来，可鄙的活动当然是不好的，但它们带来的快乐并不因此改变性质。贪污当然是不好的，但贪污到手里的钱币值不变。这个类比不能成立。我们发明钱币，原就是为了把某类"价值"从特定的情境和活动中抽象出来，快乐却非如此——快乐总是在某种特定的情境中连同某种活动才能感知。

如果说施虐的快感把快乐从它本来的上扬趣向抽离出来扭结到堕落的活动之上，那么，德行的快乐则完全来自所行之事的上升。从善是向上的，古人说，从善如登，德行是生长的，古人说，生生大德。勉强向上，还说不上快乐，向上而乐于向上，出于本性而乐为之，才是快乐。知之者不如好之者，好之者不如乐之者，此之谓也。

我们还记得斯多葛哲人的看法：并非因为德性带来快乐，所以我们把德性视作善好；而是因为德性乃是善好，所以德性也带来快乐。这里不做更细致的分析，只想指出这话的后一半里有个类比：德性之为有德者的自然所向，有如快乐之为俗人之自然所向，由是，我们说德性生活是快乐的。的确，有德者之乐于德性，正如俗人之乐于声色一样自然。

因行有德之事而获大乐是纯粹的快乐，断不是因为它无涉痛苦，倒在于无论多少艰难困苦，只要生命在生长，有德之人就乐为之——乐于伴此生长，促此生长。有此生生，无论其间有多少生长的烦恼，不改其乐。乐于德行是快乐，不是痛苦，这并非因为整体算下来德行带来的快乐总量超过了有德之行遭受苦辛的总量，倒仿佛，这个"乐于"的体量宏大，无论多少艰苦与痛苦，它都包得住。德行之乐完全融浸在行有德之事的实践中，行外事外的情绪全无所谓。庄子、尼采一路高人一方面不以苦乐为意一方面兀自享他的至乐，良有以也。这里的快乐是万物生生的自得之乐，德行者伴万物之欣欣生长，无论他心情何如，都在他生存的根底上通于生生之大乐，是为至乐。

§7 幸福

在亚里士多德伦理学中,"善好乃万物之所向",而人生之所向乃 eudaimonia。(*NE*,1095a15)英语通常把这个词译作 happiness,与之相应的中文是快乐或幸福。麦金太尔认为,尽管甚难找到另一个译法,但用 happiness 来对译 eudaimonia 终归够糟糕的,因为 eudaimonia 既包含行为良好又包含日子过得好,而 happiness 传达不出这双重的意思。[1]因此,比较讲究的论者更愿把 eudaimonia 译作 well-being。[2] 与此相应,中文译作良好生活。

快乐、幸福、良好生活,这三者相互联系,但不尽相同。前面几节讨论了快乐这个概念的多重内涵,可见,把亚里士多德所刻画的 eudaimonia 译成快乐很容易产生误解。跟汉语快乐对应的,既有 happiness,又有 pleasure,与 pleasure 意思接近的希腊词是 hedone,而亚里士多德明确地系统地反对用 hedone 来规定 eudaimonia。最高的善好与至乐相连,但 eudaimonia 不是我们通常所说的快乐——西门庆、薛蟠之流过得快乐,但他们的生活不是良好生活。聂赫留道夫忏悔之后不那么快乐了,但他那时的生活才是良好生活。

---

[1] 阿拉斯戴尔·麦金太尔,《伦理学简史》,龚群译,商务印书馆,2003年,95页。余纪元对这个论题做了相当详细的讨论,见余纪元,《"活得好"与"做得好":亚里士多德幸福概念的两重含义》,林航译,载于《世界哲学》,2011年第2期。
[2] D. S. Hutchinson 译之为 success 或 living successfully,参见乔纳森·巴恩斯编,《亚里士多德》,三联书店,2006年,199—200页,注4。这种译法也很到位,可惜若转译为"成功",在当今的语境下,与亚里士多德的旨趣就相去太远了。

我们这里没必要再对幸福这一概念多做分析——幸福的概念结构与快乐的概念结构有很多相似之处，例如，如果我们能够谈到虚假的快乐，也就能够谈到虚假的幸福。当然，幸福与快乐的语义不同，比较起快乐，幸福与 eudaimonia 或良好生活的意思接近得多。但两者也有细微却重要的区别：我们平常更多从衣食不愁等外在方面说到幸福；幸福也有内在的一面，就这一面说，幸福更多与天真、善良相连。相比之下，良好生活或亚里士多德所说的 eudaimonia 则更多与品格、灵性、有所作为相连。尼采早就指出，在古希腊人那里，良好生活与行动不可分离，因此包含我们曾经谈到过的 phronesis，实践活动中的明慧。幸福跟什么年龄连着？跟白头偕老连着，跟童年连着，歌里唱到幸福的童年，啊啊，但愿我们的孩子都有幸福的童年，哪怕他们的前景有点儿不妙。说一个壮年人过着幸福的生活，听起来有点儿怪怪的。哪怕公主王子那些庸俗故事，曲曲折折讲来，也是公主遭遇危险和磨难依然善良，王子面对坏蛋恶魔依然英勇，一旦写到公主王子"从此过上了幸福生活"，故事就结束了。据说，幸福的生活都是一样的，都一样，还有啥讲头？成年男人有的衣食不愁有的缺衣少食，有的夫妻和睦有的家有悍妇，但在成年人身上，夺目的总是品性与识度，其他不足深论。相比之下，少年还未形成稳定的品性，老人身上，品性已经沉潜，我们也不再期待他大展宏图，于是，幸福不幸福就成了首要问题。

第二章曾说到，初级版功效主义的一个显著毛病是把幸福或快乐视为同质的，后来，约翰·密尔区分幸福或快乐的种类。一旦区分幸福的种类，难免会进一步区分幸福的品级。近世心理学家马斯洛在这个方向上做了更为细密的工作。他区分幸福的品级，这些品级与人类需求的品级连在一起。据马斯洛，人类需求分成五个层次：生理需求、安全需求、爱与归属的需求、获得尊重的需求、自我实现的需求。人的幸福在于这些需求的满足，依这些需求的品级来定高低：越高层次的需求获得满足，人的幸福层次也就越高。

马斯洛的五个层次里，次高一层的需求是获得尊重的需求。"获得尊重"这话比较庄严，打鱼的、卖杂货的，未见得从这个角度去体会自己的需求。我们倒是体会得到一种需求：被需求的需求。我有时甚至会想，这是人最大的需求。

烤面包的，面包爱好者需要你；理发的，头发蓬乱的人需要你。人追求金钱、名望、权力，很大程度上也是他会因此变得更被需要，或感觉到自己更被需要。有钱人是被需要的，否则我们找谁借钱或骗钱去？有名的人被需要，大会主席台上得有几个名人坐着。更别说手握官印的人物，开个小店生个孩子哪样不得盖章？但什么都不如你的存在本身被人需要。家人宴饮盼你在场，朋友出游愿你同行，我心里愁苦愿对你说说，哪怕你一言不发，出了事儿，众人乱作一团，你出现了，场面镇定下来。据说，美国建国前夕，每次会商，众多精英异见纷呈，华盛顿默默坐在那里，与会者由是充满信心，深信他们最终会达至公正的妥协。

人是那么需要被需要，乃至于修到淡泊名利还容易些，修到不被需要更难一阶。

在我们这个自动化时代，人对人的直接需要减少了。从前，一村人谁都需要谁，平时，临时到邻居家借点儿醋借块姜，托远房亲戚照管个孩子，赶上盖房子这样的大事儿，更得全村人一起上。现而今，行程千里也不用找伴儿，方向盘后独自一坐，天南地北都到了。路上渴了想喝瓶可乐，有自动售货机。电商一兴，买冰箱买电视，网上输入个代码即可。在我们这个消费时代，人最大的需要变成是去消费，好像是在报复没人需要自己的那份失落。

其实，你总是被需要的。孩子需要你，只要你肯带他上公园，老人需要你，只要你肯听他唠叨唠叨。怕只怕你自己的需要太多，要钱，要享乐，要脸面，要人尊重你，不再有时间有心境让人需要你。

§8 自我实现

人有各种各样的需求,这一点显而易见。马斯洛是心理学家,心理学有点儿准科学的样子,科学追求清晰与严格,不过,在我看来,人的需求以及满足这些需求所获得的幸福是否能区分出明确的层次,似乎很难得到科学的结论。爱与归属的需求是否低于获得尊重的需求和自我实现的需求,恐怕见仁见智,尤其是,不同文化体中人或许会有不同的看法。也许,这些需求原不能客观地分出清楚的层次,倒是在一个大层面上互相纠结,往往不可通约。不过,我们都会同意,不管幸福分多少层次,最先得吃饭穿衣。我食不果腹衣不遮体,没什么比吃饱穿暖让我更幸福的。你去问八十岁还在拾荒的老太太幸福不幸福,那的确是问错了人。颜回那样的准圣人除外,对我们广大俗人来说,小康是幸福的必要条件。

温饱之后,物质条件对幸福的边际效用迅速降低,幸福主要不靠吃得更多或穿得更厚。小康小康,并不是大康的初级阶段,好像我们今天奔小康,明天就要奔大康。的确也见过那样的,小康还没几天,就上了档次,吃鱼翅,穿兽皮,其他各种档次上的事儿不及备述。这些,在汉语里不叫幸福。汉语里另有些雅俗不等的语词说及这些,例如穷奢极侈、胡造、作孽什么的。那算什么大康?半点儿都不健康。

有了小康,就该奔大同了。这个大同,古人怎么想的我不知道,今人大概不会把它想成天下为公或想成人人都变成一个样子。有点儿相反,小康之后,我们就有条件去做自己爱做的事情了。真说起来，倒不是小康本身让人幸福，而是小康给了我们为事的自由，自由地做这做那，尤其是做点儿于己快乐、于人有益的事儿——这让人幸福。现在，党领导咱奔小康，咱们都乐见其成。不过，这并不意味着咱都跟猪似的，有吃有喝就幸福了，咱还想创造一个环境，各个能像马克思向往的那样"发扬个性"。你闯进我家查我看没看毛片，你禁止我们几个合伙做点儿小慈善，就算我小康，我也不幸福。

去做自己爱做的事情，就到了马斯洛所列的最高一层需求：自我实现。自我实现或类似的理念到处都能见到，尤其在西方思想家那里，即使他们之间倾向各异。亚里士多德的潜能—实现开其端绪，而到了现代，这一要求更加突出。海德格尔所说的"此在总是我的此在"以及此在的本真性可以算作一例。下面谈到自我实现，谈的是这个理念的一般内容，不限于马斯洛所论。

的确，每个人都是一个个人，可以与别人区分开来；他有他自己的生活旨趣，比如，你的生活旨趣是成为科学家，她的生活旨趣是做个贤妻良母。"夫吹万不同，而使其自己也，咸其自取。"（《庄子·齐物论》）你有自己的人生旨趣，这不是说，你作为一个个人原子发展出你的人生旨趣，你的所有生活旨趣都是在一个共同体中发展起来的；实际上，脱离了社会，你一开始就无法确定你是谁，"我的生活故事始终内嵌在那些我由之获得自身身份的共同体的故事之中"。[1] 你有自己的人生旨趣，这也不是说，你的旨趣有多么与众不同，实际上，你的

---

[1] 阿拉斯戴尔·麦金太尔，《追寻美德》，宋继杰译，译林出版社，2003年，280页。

生活旨趣很可能跟别人差不多。不过首先，一个人的确可以发展出与众不同的生活旨趣。大家发财，你偏要受穷；大家成功，你偏要落魄；大家健身体检，你偏喝酒抽烟不吃药。其次，两个人尽管生活旨趣相近，其间仍会有些差异。康有为和梁启超的生活旨趣大面积重合，但一个比另一个早生了十五年，一个性情这样，另一个性情那样，于是，两个人所言所行还是分得蛮清楚。这些差异贸贸然望去不必在意，但具体到他们两个人自己，以及与他们亲密接触的人群，这些差异则构成了很不一样的人生。只看小说提纲，探春与湘云初无大异，小说家的本事在于写写这些细节写写那些细节，于是我们读到了无法复制的人生旨趣。如前所述，生活旨趣不是刻板的规划，它不仅体现在丰富的旨趣中，而且点点滴滴的旨趣也在不断重塑着生活旨趣。

要自我实现，得有个自我，如果我年复一年奋斗，最后把自我丢失了，那不算自我实现。但反过来，成天自我自我，把个自我想象成一只肥皂泡，五彩斑斓，圆润完整，也不是自我实现。一个人所做的事情使他充盈，支持他站立，面包师傅把面包烤得香喷喷的，医生把病人治好，自我由之实现。从前，只有俊杰之士才谈得上自我实现，如今，我们人人都要自我实现。的确，在有些国度，人们似乎不像我们天朝人，但凡有一线机会就把欲穿的望眼投向挣大钱当大官，他当个小学老师或社区医生，也过得蛮充实蛮高兴。

从自我实现来看待生活，有助于抵制不断追求狭隘物欲的宣传。深究起来，它还有助于抵制用抽象道德规则来规制人生的道学家理论。近世的道德理论，无论功效主义的最大幸福还是康德的绝对命令，都是从普遍原理出发的，往往全然忽略个人生活旨趣。若我们在反思伦理道德问题时不忘个人生活旨趣，伦理学的整体面貌会变得相当不同。自我实现的思路尤其有助于纠正流俗功效主义的一种看法，仿佛我们凡事所要的只是好的结果。人要观览大山大水，只要他身心没有残疾，他就不愿被人抬到山里水边，他要自己两条腿登到山上，他要披荆斩棘下到河边。行动不只带来结果，它同时也是自我实现的过程。人并非天生的懒汉，仿佛事事都希望不劳而获，坐享其成；不是的，我们不仅希望有个好结果，而且要自己求获这个结果；人不仅因为有好结果而快乐，他要用自己的汗水浇灌出好果实来。① 我留心观察过远远近近的人们，观察记录表明，没有什么快乐比自己努力而获得成就带来的快乐更光彩，更持久。

"自我实现"这个提法既通俗易懂，又能引向关于伦理生活的深度思考。不过，马斯洛关于自我实现的阐论也有让人不满之处。马斯洛列举"自我实现者"的一些特点，例如独立自主、坦率自然、博大宽宥，生机饱满而富有创造力，还有其他等等，这些特点固然都是好品质好性情，但堆到一个人身上，显得有点儿拥挤。上文已经提到，各种好品质好性情，往往不可通约。蔡元培所称的"本务"，原本也以自我实现为核心："人生之鹄，在发展其人格，以底于大成"，而他特地在这个上下文中强调不可通约这点："所谓当为、不当为之事，不特数

---

① Bernard Williams, *Ethics and the Limits of Philosophy*, Routledge, 2006, pp. 55-56.

人之间，彼此不能强同，即以一人言之，前后亦有差别"。① 亚里士多德即使说到实质善好也有大致相同的标准，但对现代人来说，所谓自我实现，是从每个人的生活旨趣来衡量的，志在救生民于水火，志在悬壶济世，志在诺贝尔经济学奖，或安心过好市民生活，或成心做个波希米亚人，其自我实现的标准千差万别——安心过好市民生活，不像救生民于水火那么艰难，但也不是说实现就实现的：有些市民多么优秀，有些却满身小市民鄙陋习气。简言之，说到自我实现，本来应该是形形色色的人去实现其形形色色的自我，而在马斯洛那里，实现自我更像有个标准流程。

自我实现这个提法，还有一层更深的困难。你的自我不同于我的自我，斯大林也许自我实现了，他的很多很多同僚和子民却未及实现就消失了。这个困难，下一章最后还会以更加普遍的形式重新提出。

---

① 蔡元培，《中国伦理学史·中学修身教科书》，商务印书馆，2010 年，221 页。

§9 良好生活

上文说，良好生活首先从品性、识见、有所作为着眼来看待生活。有所作为当然包括建功立业，但德修有进也是作为，依立德立功立言的古议，德修有进是优异作为中最优异者。孔子关于君子的刻画，可引来作良好生活的图画。君子之道，淡而不厌，简而文，温而理，知远之近，知风之自，知微之显。君子者，畏天命，畏大人，畏圣人之言，笃信好学，文质彬彬，上不怨天，下不尤人，居易以俟命。素富贵行于富贵，泰而不骄，素贫贱行于贫贱，守死善道；天下有道则见，无道则隐。曾皙这样表达自己的理想生活："暮春者，春服既成，冠者五六人，童子六七人，浴乎沂，风乎舞雩，咏而归"，孔子点头称是。那生活的确令人向往。

有所作为跟成功学没多大关系。今人把有所成就的人统称为"成功人士"，实则，成功人士和不成功人士一样，有的过着良好生活，有的品格低下、灵魂干瘪。成功让优秀人物变得更加坚毅、从容、大度，而那些靠在浊世钻营得了官位得了钱财的竖子，得意张狂，变得更加浅薄低俗。这样的成功人士多了，差不多把成功也带累成了低俗之事。

但在一个污浊的社会，谁能够靠品格而不靠钻营取巧有所成就？古人说：有其人，亡其世，虽贤弗行矣。我们是生活在这样一个社会吗？我不敢引用狄更斯的那句名言，说什么我们的时代是最坏的时代也是最好的时代，我只敢说，不管好坏，你生存的社会就是这个样子，你要是有心好好生活下去，就得在这个社会现实里建设你自己的良好生活——毫无疑问,这种建设包括批判与改造。不过,我们仍应留意,不要让批判流于抱怨,尤不要因习于抱怨而放松自己、放纵自己。说到底,并没有谁应许过送给你一个良好的社会环境。要是有人应许过而你年幼无知相信了,你长这么大了还继续相信就是你自己的不是了。

我认识不少正心诚意做事的人,即使在我们这样一个社会,也多数做出了成绩,得到了一些回报。甚至,即使你做的事情是政权忌恨的,你固然会遭遇很多艰险,但也多半会得到另类的回报。我当然不是说,积德行善必定会赚来各种幸福指数。在须摩提里也许有不移的果报,而我们的婆婆世界里,到处有偶然性,也难免明显的不公和悖谬。但也只有在偶然、不公和悖谬的世界里,才谈得上品性。如果一份品性定可换来这个世界的一份福报,那拥有品性就太合算了——你既得了品性又得了世俗好处,得了个双份。

在正常处境中,品性虽不见得带来福报,但不至于带来恶报——实际上,这正是"正常"社会的定义。但若处境极端恶劣呢?耶稣宣扬一套新教义,法利赛人借彼拉多之手把他钉上十字架;文天祥正气凛然,慷慨赴死;遇罗克只是对红色对联提出异议,即遭残暴政权荼毒。耶稣、文天祥、遇罗克,他们过的是不是良好生活?良好生活的提法,着眼于不那么极端的人物,不那么极端的处境。在极端的环境里,良好生活这个概念会失效,在奥斯威辛集中营里,人的品性仍然分成三六九等，但那里丧失了良好生活的任何可能。① 文天祥杀身成仁，特雷莎修女慈爱无边，曼德拉功彪史册，梵高完全自任于艺术冲动，这些大德大勇大才超出了一般良好生活的范围。

我们不是颜回，他不改其乐，我们可能觉得苦不堪言。我们更不是耶稣，以一身尽赎人类的罪孽。我们有一点儿品格，有一点灵性，但远没有强大到单靠品格和灵性获得幸福，我们还想在最通俗的意义上过上好日子。若以年龄论，年轻人要更多培养品格、修炼灵性，老年人过得安逸一点儿，似乎顺理成章，所谓少有所学，壮有所为，老有所安。

---

① 良好生活要求某些政治环境，"文武兴则民好善，幽厉兴则民好暴"，正因此，像亚里士多德所明见，对良好生活的进一步思考将把我们联系于政治哲学。

第七章 性善与向善

§1 善（好）这个词

上一章讨论了快乐、幸福和善好的关系，这一章我们讨论性善性恶的争论。在进入这个争论之前，我们先简要谈谈善（好）这个词。

善和好在现代汉语里是两个词，意思有很大交集，但好更日常，用得很广，远远不仅用在伦理领域，善较古旧，用得也较少较窄，现在很少单独使用，而是用在善良、善心、善意、善事、慈善、友善、完善、和善等复合词中，其中的善字多有道德伦理方面的含义，只在少数比较古旧的语词如善感、善战、面熟意义上的面善那里是例外；善恶这对词则总是说道德伦理上的好坏，一把好锯子，一把锯子坏了，今人不再用善和恶来说。

英语里的 good 像好一样，用得极广，但在伦理讨论中，又专指道德伦理上的善。在特定的一篇文字里，既不宜单译作好也不宜单译作善，有些译者把它译作善好。[①] 虽然善好差不多是个生造的词，但意思显豁，构词也不怪异；而采用善好来讨论相关问题有重要的好处，它既不像好那么宽泛，又不像善那样狭窄，所以在谈论伦理道德上的好之际不至于失去它与其他方面的好的联系。

关于善好的语义一向有很多讨论。古典哲学倾向于把善好

---

① 从 good 来的 goods，平常意思是货物之类，在大多伦理讨论中，意思是对人有益处的东西，人们所欲求的东西，这时可译作益品，例如自由和安全都是益品。

视作某种客观的存在，与之相反，近世以来有一种颇有影响的主张认为，我说某物事为善好大致等于说我喜欢该物事，这是要把善好从客观的位置撤下来，把它视作某种主观偏好。善好的确是一种评价，评价总是与评价者连在一起的，但我们在第三章已经辨析，这并不意味着评价总是完全主观的。我喜欢一样东西，可能因为它好，也可能由于别的缘故，例如，我喜欢一部电影，因为女主角长得很像我的初恋情人，我说：我知道这部电影不怎么好，可我格外喜欢。一般说来，善好不意谓纯粹主观偏好，若说善好与喜欢的联系，倒不如说，很多物事，因为它善好，所以我喜欢。惟由于我们能把善好与我喜欢区分开来，才可能发展出教化。

§2 孟子的性善论

告子主张人性无分善不善，"性犹湍水也，决诸东方则东流，决诸西方则西流"。孟子主张性善，"人性之善也，犹水之就下也。人无有不善，水无有不下"。"仁义礼智，非由外铄我也，我固有之也。"（《孟子·告子》）

性善论有两个主要的困难。其一，人性中或许有善，但人性中似乎也有恶。其二，性善论怎么解释恶的起源？

我们也许可以承认人人都有恻隐之心，但人也天生具有嫉妒心、幸灾乐祸心、怨毒忿戾之心，好恼好得，见钱眼开。实际上，在人所固有的东西里，善占的比例似乎不大，孔子说过好德不如好色，孟子自己则说"人之所以异于禽兽者几希"。既然善恶都为人所固有，为何单挑出善来说是人之性呢？

孟子所说的性之善，并不等同于人一生出来就现成固有的东西，"天下之言性也，则故而已矣"。（《孟子·离娄》）[①] 性之善是善端，恻隐之心、羞恶之心、辞让之心、是非之心这四端是德性的萌芽，如火之始燃，泉之始达，有待发展充实，而仁义礼智这些德性是这些善端的成就。"苟能充之，足以保四海，苟不充之，不足以事父母。"（《孟子·公孙丑》）梁漱溟就此阐发说，孟子之性善"差不多全被人误会"，"最大的误会

[①] 孟子有时似乎也把固有的东西称为性，"口之于味也……四肢之于安佚也，性也"。不过他接着说："有命焉，君子不谓性也。"（《孟子·尽心》）

是把所谓性看成一个已成的呆板东西"。①

性不是固有的乃至已经完成的东西，而是苗端，这是一个重要的思想。不过，单说到这里，尚不能证成性善。首先，我们怎样区分什么是固有的东西什么不是固有的东西呢，苗端、火种、源头，也可以被视作固有的东西。孟子自己说："人之有是四端也，犹其有四体也。"（《孟子·公孙丑》）"四体"就是固有的东西。其次，恶似乎也可以分成恶端与恶行。人固有善端或善的倾向或可能性，却也有恶端或恶的倾向或可能性。

梁漱溟让我们姑且承认人有恶的倾向，但争辩说，恶的倾向最多只是倾向，不是性，因为"生命本性是活动，是努力，是要用力气，（恶）却是一个死板的倾向，（生命）有流入于呆定的倾向"。但即使用"倾向"来界定恶仍不很妥当。因为"倾向"这个词含有积极的意思，恶是善之阙失，而阙失只在弱意义上可称作"倾向"，"恶是善的负面，它不但不是本性，并且不算是个倾向。倾向是积极的，而恶则是消极的，故不能算是一个倾向。如动是倾向，而不动不算倾向。积极是要怎样，而消极则不要怎样……是要没有，即没有这个'要'。故恶是没有自己而为善之缺乏，故善恶非对待之物也"。他又说："所谓恶，就是生命缺乏时候，即吾人偷懒的时候发出来的。"以这种方式坚持性善论，同时也就说明了恶的性质：恶是善的阙失。梁漱溟还进一步讲到，善的阙失即是自我的阙失："根本上所有偷懒，不努力，省力气等等，通是负面，没有自己。"

---

① 本节梁漱溟的引文均出自《梁漱溟先生讲孔孟》，广西师范大学出版社，2003年，123—128页。

把恶视作善的阙失是一种常见的主张，例如谭嗣同持性善论，他解释恶的由来时回答说："恶者，即其不循善之条理。"①但这似乎更多是在界定恶，而没有说明恶的由来：若性本善，怎么一来，善性就阙失了？

梁漱溟这里触及一个重要的思想：善恶非对待之物；不过他只是点到为止，未曾展开。在我看来，这实是关隘所在，我们下面要回过头来做较详的讨论。

孟子另有一条略微不同的理路来解释善是性而恶不是性：水无有不下，但"搏而跃之，可使过颡，激而行之，可使在山。是岂水之性哉？"（《孟子·告子》）孟子这一段论证所依据的，颇类似亚里士多德关于自然运动/受迫运动的观念，性大致相当于希腊人所说的 phusis，或我们所说的自然，差不多就是"莫之为而为之"的天。水往低处流，这是水的自然运动，不受外力作用时的运动。当然，自然本身又是一个需要详加考虑的概念。

我们也可以从这一理路来思考恶的来源问题：恶起源于外部力量对天性的扭曲。后世西方，卢梭的思路也大致相仿。性原是纯净良善的，后来被扭曲、玷污、败坏，陆象山所谓"蔽于物欲而失其本心"。但物欲等邪恶又从何处来？通常的回答：他人、社会。道德的人与不道德的社会构成了理解自我与世界的一个最通俗的框架：我家的孩子本性良善，都是被别人带坏了。然而，如果人人的本性都是善的，他人和社会怎么生出恶来？

---

① 季羡林主编，《传世藏书·诸子6》，海南国际新闻出版中心，1996年，5页。

张岱年另辟一条理路来论证为孟子的性善论辩护。恶是人与禽兽共有的，善却是人独有的，我们界定一事物，必由其特有之点入手，否则万物岂非性都相同了？"孟子所谓性者，正指人之所以异于禽兽之特殊性征。"① 这一理路有些道理，在孟子的文本中也可找到一定依据，如"无恻隐之心，非人也……"云云。但这一理路并不让人满意。

其一，这个论证在逻辑上有疑问。磁性是磁体特有的，具有质量则是磁体与非磁体共有的，因此，我们用磁性来界定磁体而不能用具有质量来界定磁体。然而，有磁性与有质量是不相干的两种性质，善恶却不是。因此，说恶是人与禽兽共有的因此不能用来界定人，不似说质量是磁体与非磁体共有的因此不能用来界定磁体，而相当于说非磁性是磁体与非磁体共有的因此不能用来界定磁体，但显然，非磁性是磁体与非磁体共有的这话说不通。

其二，从事质内容上说，用禽兽性来解释人世间的恶，过于老旧。旧时人常把禽兽性等同于恶性，人若"饱食暖衣，逸居而无教"，人差不多就是禽兽。这类道理曾被视作当然之理，但今天，成群结队的学术家等着挑毛病，我们做论证不得不比古人谨慎些。从末节说，无缘饱食逸居的禽兽为数恐怕不少。大节上，说禽兽是恶的，今人听来难免有些古怪。演化论建立以来，我们也许不仅要在禽兽那里找人的恶端，而且人的善端也要在禽兽那里找。反过来，人身上有些高尚品质固然为禽兽所无，但人的有些恶劣处也同样不见于禽兽——有些恶，即使

---

① 张岱年，《中国哲学大纲》，中国社会科学出版社，1982年，185页。

并非人所独有，也差不多如此，① 例如，只有两种哺乳动物成群地自相残杀，猩猩和人；有些恶，肯定是人独有的，例如贪得无厌，例如严刑逼供。

---

① 惟其如此，鲁迅在三一八惨案后谴责段祺瑞政府时才会说："如此残虐险狠的行为，不但在禽兽中所未曾见，便是在人类中也极少有的。"

§3 荀孟异同

与孟子主张性善相反，荀子主张性恶，以人固有者为性。性善论须面对恶的起源问题，反过来，性恶论须面对善的起源问题，如荀子自问："人之性恶，则礼义恶生？"他自答："凡礼义者，是生于圣人之伪，非故生于人之性也。……故圣人积思虑，习伪故，以生礼义而起法度……故圣人化性而起伪，伪起而生礼义。"①我们今天会想，圣人也是人，既然是人，其性亦恶，一开始怎么能生礼义而起法度？起伪之端，似乎也必须在人性里面。我们当然可以把人分成两类，一类是圣人，一类是普通人，所有关于人性的议论都只涉及后者。但这样因特定学说反过来下定义的办法，固然可建成一种理论，却并不解释我们的困惑。

放过这层不论，圣人能教化我们，似乎总需要我们身上有善端——"礼义积伪者，是人之性，故圣人能生之也。"荀子应曰不然，"夫陶人埏埴而生瓦，然则瓦埴岂陶人之性也哉？……圣人之于礼义积伪也，亦犹陶埏而生之也。"看来，我们得到教化，与我们的本性无关，完全是从外面加到我们身上，这与孟子所谓"仁义礼智，非由外铄我也"正相反对。

荀子这个比喻有点儿错位，诘者主张普通人身上有善端，回答似乎应该是黏土里没有成瓦之性。毕竟，黏土可以成瓦，清水却不可以成瓦。其实，荀子并不全盘否认人身上有仁义的

---

① 本节引文皆出自《荀子·性恶》。

潜能。"涂之人也,皆有可以知仁义法正之质,皆有可以能仁义法正之具。"但若人皆有可以知可以行仁义法正的质具,似乎也就承认了人有善端,甚而至于,这些质具若得到教化培养,"涂之人可以为禹"。荀子接下来讲了一番"可以"和"能"之间的区别:"涂之人可以为禹,则然;涂之人能为禹,未必然也……足可以遍行天下,然而未尝有能遍行天下者。"这个区分大致相当于今人所说的逻辑可能性/事质可能性。这的确是个有益的区分,不过,这个区分并没有否认反倒更进一步认证了人身上有仁义的潜能。

与孟子相比,荀子所谓性者更接近于现成者。孟子说,人之学者,其性善。荀子批驳说,不然,"不可学不可事而在人者谓之性,可学而能可事而成之在人者谓之伪"。荀子把天生的东西统称为性,他所说的性差不多就是今人所说的本能,而孟子则把性和本能("固")加以区分。就此而言,荀子的性恶论与孟子的性善论的区别在很大程度上来自对性的界定不同。尽管对性的界定不同,荀子像孟子一样,都对现成能力与习得的能力做出区分。荀子不仅像孟子一样承认圣人,而且,普通人也有可以知可以行仁义法正的质具。若说在荀子那里,"知仁义法正之质,行仁义法正之具"需要教化培养始得发扬,在孟子那里,善端也是需要教化培养的,孝弟忠信是要修的。然而,正由于孟荀对性的界定不同,他们两个关于教化培养的观念在取向上有不小差异。孟子多讲善端,于是更多从自发生长的角度来看德性之路,最后是自成其性;与之相应,孟子对人性抱有较多的乐观。后世尊孟的儒者更加突出自成其性的思想,程颐说"自性而行皆善也",陆九渊说"四端万善,皆天之所予，不劳人妆点"。与之相较，荀子更多强调外部的教化，法度的约束。荀子后学转而为法家，更突出了这一趋势。戴震分别说："荀子之重学也，无于内而取于外；孟子之重学也，有于内而资于外。"（《孟子字义疏证》）这分别很是精当。与此相应，在孟子那里，后天的努力多为涵养这善端，"养我浩然之气"，荀子则更强调要由圣人来教育。

孟子及孟学一系所弘扬的自成其性思想，与庄子有德在于"任其性命之情而已矣"的思想有相通之处。在孟子那里，性虽善，成善仍然需要学习与修为，庄子所谓"任其性命之情"其实也是需要修为的，因为人生而在世自不免被一套礼义弄坏，于是，"绝学弃智"也是一种努力，一种修为——"性修反德，德至同于初"。（《庄子·天地》）

§4 性有善有恶论与性无善无恶论

性善论需要解释恶的起源，性恶论则需要解释善的起源。那么，何不一上来就承认人性中既有善或善端，也有恶或恶端？的确，很多论者持性有善有恶论。扬雄说："人之性也，善恶混。修其善则为善人，修其恶则为恶人。"（《法言·修身》）董仲舒论善恶，也可归于此类，"天之大经，一阴一阳……曰性善者，是见其阳也；谓恶者，是见其阴者也"。他把性比作稻谷、蚕茧、鸟蛋，把善比作米、丝、雏，"米出禾中，而禾未可全为米也；善出性中，而性未可全为善也"；"茧有丝而茧非丝也，卵有雏而卵非雏也"。（《春秋繁露·深察名号》）我们已经提到，对性与善恶关系的看法与教学的看法相连，董仲舒不持性善论，相应地主张"善当与教，不当与性"，"善，教训之所然也，非质朴之所能至也"。王充也持性有善有恶论："性本自然，善恶有质。"程颢说："善固性也，然恶亦不可不谓之性"，又曰："万物莫不有对。一阴一阳，一善一恶。"

人的天性中有善有恶，一半是天使一半是野兽；当然，有的人，根性上善多一点儿，有的人根性上恶多一点儿。至于极善极恶之人，另当别论，王充持性有善有恶论，但补充说，告子论性无善恶之分，扬雄言人性善恶混，"徒谓中人，不指极善极恶也"。

性有善有恶论之外，另有性无善无恶论。上面已引过告子"性犹湍水也"云云，以此表明"性无善无不善也"。后世持此论者甚多，张岱年举出王安石、苏轼、王阳明等。[1] 近世如康有为也持此论："性者，生之质也，未有善恶"，"凡论性之说皆告子是而孟子非"。[2]

性无善无恶论与性有善有恶论旨趣相近，都是从人可善可恶着眼的。无论持性无善无恶论还是性有善有恶论，都无须另费精神解释恶的起源，或解释善的起源。这似乎也最合乎我们的平常观察。于是，我们倒会奇怪，那些大思想家怎么会单持性善性恶这样的偏颇之论。

不过，虽然在程颢、王阳明他们那里可以找到性有善有恶论或性无善无恶论的言论，但未必因此就可以把他们归在这些立场上。尤可留意的是以下这一点——上一章曾说到，有些论者虽然超出苦乐之外，最后却还是归于乐，至乐。同样，有善有恶或无善无恶最后也许还是归于善，至善："无善无恶者理之静，有善有恶者气之动。不动于气，即无善无恶，是谓至善。"（《传习录》卷上）看来，善好像快乐一样，流俗含义之外，还另有一层深义。

---

[1] 张岱年，《中国哲学大纲》，中国社会科学出版社，1982年，196—199页。
[2] 康有为，《万木草堂口说》，转引自沈善洪、王凤贤，《中国伦理思想史》，人民出版社，2005年，323页。

§5 善"不与恶做对"

告子用水可以东流可以西流来说明人性可善可恶，孟子反驳说，水固然可以东流也可以西流，但水总是往低处流不往高处流，以此说明我们可以谈论性之善恶，"人性之善也犹水之就下也"。告子用东西来喻善恶，孟子用上下来喻善恶，初看上去两人各取所需，似乎各有各的道理，我们该孰择而从？其实，各有各的道理，也不妨说都不成道理，亚瑟·威利（Arthur Waley）就认为《告子》中全部讨论都"是一堆离题的类比，其中很多能同样用来推翻他们（各自）试图证明的东西"。①

告子的比喻中出现的是东西这对反义词，孟子的比喻中出现的是上下这对反义词。反义词是一种重要的言说工具，没有它们简直无法说话。天热了，用到了冷热中的热，向前走，用到了前后中的前。评价词更多是一对一对反义词，有好就有坏，有高尚就有鄙俗，有智就有愚。反过来看，反义词多半包含评价，好坏、智愚、高尚鄙俗，显然是在评价。有些反义词是在描述，却也包含评价——大小、冷暖、短长、上下、高下。恢弘大气好，小肚鸡肠不好；我们说上智下愚，不说下智上愚。这些评价凝结在语词中，俗人学说话时连带学会了这些，例如，善在上而恶在下。② 超凡脱俗之士偏要拧着来，偏要主张上善若水上德若谷，"江海之所以能为百谷王者，以其善下之"，但善在上的观念根

---

① 参见葛瑞汉，《论道者》，张海晏译，中国社会科学出版社，2003年，141页。
② 孟子说"人无有不善，水无有不下"，"民之归仁也，犹水之就下也"，只是申明人和水都有性，并不是在主张善就下。

深蒂固，跟语言拧着来只能是局部的，老子这样的脱俗之人别处仍免不了说到"上德"，说到"知不知，上矣"，说到"柔弱居上"；其实"上善若水"，善还是在上。

多半时候，一句话里用上的是一对反义词中的一个，两个同时用就不成话——我们不说天冷热了，向前后走。直接说出来的是反义中的一端，反义的对称性在后台给予语义支撑。这种不在现场（in absentia）的语义联系，索绪尔称之为 rapports associatifs。[①] 但在忽冷忽热、又爱又恨这些话里，一对反义词同时露面，这就把原在后台的反义结构摆上前台。穷理者，本来在于反思深一层的道理，自然不会放过或在场或不在场的反义结构。说到有，接着必拎出无来，说到善，必拎出恶来。老子和黑格尔更是处处借明述反义结构立论。

大小多少上下来往，反义词两两对称，这个显著的特点抓住了我们的眼光，忘记深究对称背后的种种区别。告子用东西为喻，孟子以上下为喻，东西与上下这两组反义词，看似半斤八两——东西相反做对，上下也相反做对。然而，东西和上下做对的方式并不完全一样。东西以不东不西的中间点为参照，[②] 这个中心点本身没有一个固定的位置。与东西相仿，左右也是完全对称的。固然，左右似乎有一个无关左右的参照，即我，然而，这个我随时都在移动，所谓以我为参照，无非是以左右的中点为参照而已。

上下以什么为参照呢？上下有时以人的身体构造为参照，

[①] 索绪尔，《普通语言学教程》，高名凯译，商务印书馆，1999 年，171 页、174—176 页。

[②] 东西以日出日落为参照，但这一事实与眼下的讨论无关。

头在上，脚在下，这时，上下的结构与左右的结构有相似之处。但上下通常另有一种参照，那就是地面。你睡上铺我睡下铺，这上铺下铺不是以两铺的中间点也不是以谁的头谁的脚为参照，而是以地面为参照。这时，上下与东西、左右不同，它有一个天然给定的、稳定的参照，什么在上什么在下，不是全然相对的。有一个地面，这是上下这对概念的语义条件——我们要理解上下，就得有一个地面，如果抽去地面，例如在太空中，就无所谓上下，在这样的"抽象空间"中，上下就跟东西左右一样是完全相对的，或者说，把什么定义为上是任意的。

在一个意义上，上下对称，在另一个意义上，上下并不对称。凡与上下相连的反义词组都是这样，如善恶、快乐与痛苦、赢与输。输赢与上下相连，这一点无须多论，总赢棋的是上手，总输棋的是下手。下棋，有赢家就有输家，就此而言，输赢是相对的，但无论赢家输家，都以赢棋为目的，就此而言，输赢不是相对的。惟赢棋的努力能造就一局棋，也就是说，一步一步棋才连成一个整体，每一步棋在这个整体中才是可理解的；如果棋手不在意是否赢棋，我们就看不懂他的棋，因为一步棋与整个棋局没有联系。如果棋有棋性，棋的本性或本质，那么，惟努力把棋下好才体现得出棋性。

我们还可以从这个角度来讨论真假、苦乐、梦与醒、自然与不自然、自由与不自由。这些反义词在一个意义上是相对的、对称的，但在另一个意义上却不是。在一个意义上，真品与摹本相对，但在另一个意义上则不是：真品独立于摹本存在，摹本却不独立于真品——非得先有真品，才能有摹本。真币与假币亦如是，真假一般也大致如是。自然与人为亦相仿：

曾经有一个没有任何人工制品的自然世界，人却无法独立于自然世界存在，也不会出现一个没有自然事物只有人工制品的世界。不明这些反义词何时做对，何时不做对，人们在讨论真假、梦与醒、自然与不自然时就生出一丛丛无谓的纠纷。不过，眼下我们回到善恶这组概念。

在孟子和告子的辩论中，告子以东西说事儿，孟子以上下说事儿，初看上去不过是各取所需。然而，孟子和告子的比喻并非完全平行。水决诸东方则东流，决诸西方则西流，但不管决诸东方还是决诸西方，水总是下流。用东流西流为喻，善恶被解为相对之事，用水就下为喻，则提示出善恶并不只是相对而已。无须什么眼光，我们人人都能看到善恶相对，但须有相当眼力，才能洞见善恶的不对称。东西上下初看是"一堆离题的类比"，孟子和告子初看上去各取所需，实则有见识上的高下。初级反思一向拘囿于平面上的善恶对照，错并不错，却只是流俗之见。孟子从平面上的东西转向纵深上的上下，揭示出与善恶之为性相配的是上下隐喻，这是哲人所需的眼光。这两种"看法"，不是对错之争，而是深浅之辨。①后世亦有其他哲人有此眼光。王船山说："性里面有仁义礼智信之五常，与天之元亨利贞同体，不与恶做对。"陈来对这句话做了如下说明："船山认为，性之本体不与恶对，也就是说，如果说人性是'善'，那么，这种'善'并不是和'恶'相对立的。"②

---

① 第五章关于是知行两分还是知行合一的讨论是另一例。
② 陈来，《诠释与重建——王船山的哲学精神》，北京大学出版社，2004 年，165—166 页。王船山进一步的意思是不宜说性是善，而应说命是善，这是另一个话题。又，据陈来，最早提出孟子之善不与恶相对的是南宋胡宏。(同书，194 页注 4)

前面提到，在讨论性善性恶的时候，梁漱溟也点出了善恶未尽做对这个要点，但他对这个要点未多做解说，实际上恐怕也未能想得更加透彻——他一方面提到善恶未尽做对，一方面又把善恶视作"完全主观的评价"。然而，善恶若是"完全主观的评价"，"权衡完全在我"，我们就重新退回到善恶完全相对，就像左右总以我为参照，从而是完全对称的。我们在这里须追随孟子，坚持用上下来喻善恶。上下不只是相对待，因为大地提供了一般的坐标，善恶不只相对待，因为我们的现实生活提供了一般的坐标。善恶未尽做对，由此，善恶就不会只是"主观的评价"。实际上，若善恶只是相对，也就说不上善恶了。

我们能不能跳出地面的参照系呢？我们生活在大地上，这不只是个偶然的事实吗？思想的意义不就在于能够超脱于事实吗——正因为人类理解能够超脱于事实，我们才能够理解事实世界，并最终把人送进太空，在那里，没有上下。的确，地面是天然的坐标，却不是绝对的坐标，实际上，即使没有宇宙飞船，人们也早就能够想象"上下未形"的太空。人类理解能够超脱于事实，然而，理解总是从某些基本事实所组成的世界图景开始的。我们生活在大地上，是基本事实中最基本者，"大地的中心是坚固的/在草地岸边已经燃起/火焰和共同的元素"，[①] 围绕我们生活在大地上这一事实，水往低处流，树往上空长，食物要送进嘴里，否则就掉到了地上。"我有一幅世界

[①] 荷尔德林，《希腊》，转引自海德格尔，《荷尔德林诗的阐释》，孙周兴译，商务印书馆，2000年，188页。

图景,并非因为我让自己信服它是正确的,也非因为我现在确信它是正确的。而在于,它是传承下来的背景,我依托这个背景来分辨真伪。"① 思想的确可以带我们跳离大地进入太空,超出善恶之分,但这跳开,仍是从地面跳开。前面已经说到,即使你提倡甘居下流,居众人之所恶,结果还是要称之为"上善",把上和善连在一起。

好,让我们承认上下善恶不是完全对称的,善居上,恶居下,我们何以认定向善而非向恶是人之性呢?水性就下,这有证据,人性就上,证据何在?人有向善的,也有向恶的,向恶好像还容易不少:从善如登,从恶如崩,如果把社会纲纪比作水坝,那么,一旦决口,人似乎像水一样,也是就下的。

上面说,输赢不是完全对称的,惟以赢棋为目标,一步一步棋才连成一个可理解的整体。推广开来说,惟把一件事情做好的努力才使得目的与过程内在地联系在一起,才使得目的赋予整个过程以及每一步以意义。向善赋予生活——日复一日的生活过程——以意义。把善恶视作对待之物,难以看到这一层。上引扬雄语曰"修其善则为善人,修其恶则为恶人",其眼光完全滞留在善恶做对一层上。乍一想,既然张三可以要做个有德之人,李四就能够要做个缺德之人。然而,只有孝弟忠信需要修也可以修得,"修恶"却不成话。从善如登,从恶如崩,登和崩,登才能是目的,指导并组织攀登的过程,崩无法成为目的,而是目的的瓦解——在崩解中,当事人失去了对过程的把握、理解和控制。为恶是生活整体的涣散。正如梁漱溟

---

① 维特根斯坦,《论确定性》,§94。

所言，善是努力，"是要怎样"，恶则不是努力，而是偷懒，"是要没有，即没有这个'要'"。"要做……"包含一种努力。赢棋需要努力，输却不需要。由于我们生活在大地上，上进需要努力，堕落则不需要。善恶之不对称最能够从我们只能有意为善而不能有意为恶透露出消息。正是在这段辩证之后，梁漱溟作结说"故善恶非对待之物也"。惟当人求善，生活才是可理解的，有意义的。

以上阐论，并不是在主张一种性善理论，我也不认为孟子有什么伦理学理论。把向善称作性，是在一个特定方向上诠释性和善。像荀子那样把性理解为类似于本能的固有的东西，像程颢那样把性理解为固有的气质，都没有什么错，这些意思也都明显地包含在性这个字之中。基于这种理解，我们自然会把善理解为与恶对待的概念，而人性当然有善有恶。但我们还是愿意追随孟子，不愿把性理解为"固而已矣"，因为这种浅俗的理解没多大意思，不能揭示性、善、修为、自然等等概念之间的深层联系。如王畿所言，性无善无不善、性可以为善为不善、有性善有性不善，斯三者，"不为无所见……各得一端，不能观其会通"。[①] 而揭示性这个概念中有向善这个维度，可使我们更清楚地看到善恶非完全对待之物，看到性与自我的联系——性不是固有不变的东西，而是在不断自我完成的过程中所成就者。崩解、堕落、下流谈不上完成，惟登临可谓完成。

亚里士多德《尼各马可伦理学》开篇即云"善好乃万物之

---

① 王畿，《答中淮吴子问》，转引自彭国翔，《良知学的展开》，三联书店，2005年，396页。

所向（或所欲）"；孟子说"可欲之为善"——善好在于万物完成其本性，这是他们关于善好的核心思想。亚里士多德最喜欢的比喻是种子长成大树。庄稼熟了，成了；盖房子，打地基、垒墙、平地而起、最后上茅，完成了；人长大了，从在地面上爬行到直立起来，从依赖于家长到自己独立做主的成人。有生命的物事，动物、植物，从种子到幼弱到长成，这个过程明显可见。推而广之，水积而成江海，土积而成丘山。纷纷万物，各有其所成。万物之所成就即是善好。

§6　成心输棋与有意为恶

我们出于各种各样的目的做事，只有把事情做好才能是目标，才是性。人性是要把生活过好。然而，我们不能成心把人生过得失败吗？我们一定要以赢棋为目标吗？我们不能成心输棋吗？

有这种时候，我无心恋战，不在乎输赢，随手乱走；也有这种时候，我反正赢不了这局棋了，破罐破摔，瞎走乱走。这些都不是成心输棋，实际上，这盘棋根本就不成其为一盘棋。成心输棋大概是说，我跟皇帝或领导下棋，知道他输了会不爽，事先想好要把棋输掉。这时，我不能随手乱走，而是要输得不留痕迹。这当然可以成为一个目标，像赢棋一样，需要用一番心思。

成心输棋有一个目标，只不过这个目标不是赢棋，而是讨好对手等等，要达成这个目的，你还是需要能力和努力，其中，最重要的是赢棋的能力——惟当你能赢下这局棋，才谈得上你把它成心输掉。

输棋和失败则是另外一回事——你有一个目标，向这个目标努力，却没有成功。当然，我的目标可以与你不同，你们认定为成功的人生，你们的赢棋，我看不上眼，我成心不走"成功之路"，以此表明另一种生活的可能性。这种"失败"不是破罐破摔，反倒比"成功"还难一层——我有获得你们所谓成功的能力是这种"失败"的一个条件。就此而言，"成心选择失败"还可以隐约带来一种优越感。当然，同时也带来一种危险，因为，一般说来，输棋无须费力，我不用成心，只须不用心，自然而然就输了。以输为目标，久而久之，只怕丧失赢棋的能力，我再输棋就说不上成心输棋了。

没谁能够成心把人生过得失败。我们应当在这个方向上理解"无人有意为恶"这个命题。一个人固然可能为了达到自己的目的、为了获得他想要的东西而不惜作恶，例如为了劫人财货而伤人，这固然是明知其恶而为之，却并非有意为恶。若坚持认为这就叫有意为恶，那么，为了挽救生命而截肢，不也是知其恶而为之吗？当然，歹人伤人以劫财货与医生为救人性命而做截肢手术大有区别，只是两者的区别并不在于前者有意为恶。

由于丧失了把人生过好的信心，破罐破摔，也是明知其恶而任由之，并非为作恶而作恶。这种情况更接近于梁漱溟所言，善"是要怎样"，而恶是"没有这个'要'"。如上文所申论，把棋下好，把生活过好，需要修为，破罐破摔却不需要修为。

§7 "一体之心"

亚里士多德所称"善好乃万物之所向",孟子所称"可欲之为善",都是从形式上讨论善好概念,也就是通常所称的辨名析理。这种辨析工作并不在很具体的层面上告诉我们什么是实质的善好——建功立业好还是太太平平过小日子好?后天下之乐好还是穷当年之乐好?小布什好还是本·拉登好?① 我们固不妨从形式上声称"善好乃万物之所向",但从实质上说,这里却有一个重大的困难:此一物之所向,非彼一物之所向。天地开辟那阵子是否出现过阮籍在《大人先生传》里描述的"害无所避利无所争……各从其命以度相守,明者不以智胜暗者不以愚败"的和谐局面,今天已难确知,而自可考的时代开始,情况始终是,一物完成它自己之际,很可能伤害另一物。猎豹的天性是捕食瞪羚,常有瞪羚肉吃,猎豹便完成了它自己,继此生理者即是善也。然而瞪羚的本性是从小瞪羚长成大瞪羚,不是小小年纪就被猎豹吃掉。从这里想下去,善好在于万物自成其性这个命题要得到维护,其实还需要另一个命题,那就是,冥冥之中有一个总的善好在安排一切,例如上帝,例如宇宙精神,例如"一体之心"。

性善论者往往也主张心都是相同的。在与伯敏的一段对话里,陆象山说:"心只是一个心,某之心,吾友之心,上而千

---

① "形式上的讨论"不等于形式逻辑意义上的符号演算——在哲学论证中我们几乎找不到纯形式的论证。自然语言中的语词都是有事质内容的,只是内容有厚实与薄脊之分。例如,快乐这个概念比善好这个概念厚实。

百载圣贤之心,下而千百载复有一圣贤,其心亦只如此。"这还只说到吾友,那小人之心呢?王阳明说:"虽小人之心,亦莫不然……而其一体之心,犹大人也。"形骸是各自区分的,心却只是一个心,见孺子入井时,"其仁与孺子而为一体也","若夫间形骸而分尔我者,小人矣"。[①] 更进一步,这个心与天地之心也是同一个心,接着上引那一句,陆象山说:"心之体甚大,若能尽我之心,便与天同。"王阳明说,"以天地万物为一体",达乎"一体之仁",是之谓尽性。

众所周知,亚里士多德的伦理学以一个总体目的论作为支撑。"善好乃万物之自然所向"这话,似乎有两种意思。一种是,每一物之自然所向即是善好,一种是,万物合成的共同所向即是善好。在亚里士多德那里,两种意思都成立。橡树种子要长成橡树,这是橡树的善好。芸芸万物组成的宇宙,有个总体的所向,整个大宇宙有个大善好。

近世伦理学家几乎每一个都指出,我们今人不再持也无法再持宇宙目的论。然而,"善好乃万物之自然所向"这话的两种意思是连在一起的,一旦不再持有宇宙目的论,每一物之自然所向即是善好这话就要落空。小瞪羚的善好是长成大瞪羚,而猎豹的善好是捕食小瞪羚。本·拉登之所向是摧毁双子座,奥巴马之所向是击毙本·拉登。如果没有超出一事一物的善好,"一物之所向是其善好"就成了字面上的定义。善好若还有任何实质意义,就只剩下单纯手段上的意义。把棋下好是善好,但下棋这种活动是否善好?本·拉登之所向是摧毁双子

[①] 分别引自冯友兰,《中国哲学史(下)》,重庆出版社,2009年,299页、312页。

座,他干得漂亮,然而,我们怎能说这个所向是善好?

据余英时考量,"宋代理学家……似乎确实相信宇宙间有一个'能为万象主'的'道体',也相信上古三代曾存在过一个'道统'秩序。换句话说,'道体'和'道统'是他们的真实信仰或某种基本预设;离开了这一信仰或预设,他们关于人间世界的意义系统便解体了。"[①] 也有论者如牟宗三者试图从宋明理学那里"开出"仁体来,但在字面上开出这东西实在不是什么难事,麻烦在于,这个仁体只是宋明理学所谓"道体"的一个翻版,并没有回答当代人面临的真实困惑。

看来,关于善恶的形式探讨不能回答实质上何为善何为恶的问题。在有些人看来,小布什代表善好,本·拉登代表邪恶;在另一些人看来,正好相反;还有一些人认为,也许本·拉登和小布什都不怎么样。这些看法中,也许有的是正确的看法,有的则大错特错,然而,其中并没有哪一种是不言自明的真理。我们不一定认为猎豹捕食瞪羚是恶,日本人不一定认为捕食海豚是恶,亚历山大大帝时候,人们不一定认为征伐或侵略是恶,商代不一定认为人殉是恶,伊斯兰原教旨主义者不一定认为平民袭击是恶。然而,照这么说,我们不是完全陷入了道德相对主义乃至道德虚无主义之中?这个问题下章再展开讨论,眼下我们先来考虑:如果行善果真出自善性,那么我们道德考量和道德学习的位置又在哪里?

---

① 余英时,《朱熹的历史世界》,三联书店,2004年,28页。

§8 德性与本能

我们从这样一个问题开始：孺子落水，你跳下河塘去救他，你是出于天生的恻隐之心，抑或你认为这样做合乎道德？

你跳水救人，是否基于你认为这样做合乎道德？这么问，无论回答是或否似乎都不太合适。若说他不认为这是合乎道德的做法，他为什么不袖手旁观或掉头走人呢？若说他跳水救人是因为他认为这样做合乎道德，这难免显得有点儿算计。实际上，跳水救人的义人，媒体的话筒塞到他嘴边，多半回答说他当时什么都没想。我相信大多数情况下这是真的，他没想什么就跳下水去救人了。硬要他说点儿心理活动，他会说：我想那是我应当做的——还是等于什么都没说。他可能的确有过一些心理活动，但那不是这么做比较道德，而是那是个小孩子，他正在挣扎，他会被淹死之类。

跳水救人的义人没来得及考虑道德不道德，主要不是因为事情来得太突然，来不及想什么，① 那些有时间从容考虑的事情，说义人是因为某种做法合乎道德标准所以那样去做，同样有点儿奇怪。要不要为灾区人捐款，捐多少？如果我这时首先考虑的是怎样做才合乎道德标准，我不像有德，倒更像伪君子，想被人视作有德。孟子的那位义人去救孺子，不仅不是出于"交于孺子之父母"之类的功利考虑，而且也不是"要誉于

---

① 达尔文就此曾说道，"这一类的动作总是进行得极快，其间没有时间可供反复思考"，但他这话意在反对快乐主义的解释："也不允许有任何苦乐之感的机会"。达尔文，《人类的由来》，潘光旦、胡寿文译，商务印书馆，1997 年，167 页。

乡党朋友"或"恶其声而然"。(《孟子·公孙丑上》) 即使你并非意在要誉于乡党朋友，这种道德考量仍然有点儿奇怪，用舍勒的话说，由这种考量而行善举的人并不是善的，"他只想在自己面前显得是善"。①

若说义人行义并非出自道德考量，那么，他行义该是出自道德本能？道德本能这话大意可解，但也极易误导。本能，从最简单赤裸的意义上，无须培养和学习，而勇气和慷慨则需要培养、学习。依本能，人人都做出同样的反应，可碰上孺子落水，有人掉头不顾，有人围观，并不是谁都立刻跳下去救人。

上一章说到，孟子所称之性善，并不等同于人一生出来就固有的本能。作为日常用语，本能泛指自发、自动、本性、自然，但这些概念有细微而重要的区别。我们不妨从语言能力来简要看看这些区别。

听见敲门，我不假思索说请进，就像忽然来的疼痛让孩子哇的一声哭喊。其实，何止说请进，我们平常说话，差不多都是开口就来，滔滔不绝，颇让人觉得我们依"语言本能"说话。然而，说话表达思想不同于龇牙咧嘴表达疼痛，哇的一声哭喊"表达"了疼痛，脸部肌肉抽搐"表达"了愤怒，这是因果式的、不受控制的"表达"。说话则依于学会一套表达程式，这套程式是我们学而后会的。我们平常开口就来，是因为我们娴熟地掌握了一套表达程式，就像水手不假思索打个水手结那样。无论我们多么娴熟于说话或打水手结，它都不是因果式、

---

① 舍勒，《伦理学中的形式主义与质料的价值伦理学》，倪梁康译，三联书店，2004年，30页。

反应式的本能，而是自我领会着的、有标的有控制的活动。也因此，言者与听者知道表达得是否正确、是否合适，知道什么是较好的或较差的表达，而除非你在演戏，否则谈不上脸部肌肉抽搐是否更好地表达了愤怒。娴熟的技术和养成的习性，使我们在做某些事情的时候不假思索，但由于它们本来是自我领会着的活动，所以尽管活动之际不假思索，它们仍可以通过反思通达。我随手打了个水手结，你要跟我学，问我是怎么打的结，我说不上来，这并不意味着我靠本能打结，我自己也不"知道"动作是怎么完成的。现在，我为了教给你，我可以再一次打个结，放慢动作，一边打，一边注意自己是怎么打的。

为了避免混淆，我们最好把这些最初习而后得、日后得心应手极为娴熟的活动称为习性而不称之为本能——即使称之为"获得性本能"① 也不好。这些习惯不是本能，充其量是"第二天性"。我们学会说话，当然需要"固有的"学习能力——你怎么教一只母鸡也教不会它说人话，但就像狼孩之类的实例所表明的，这种能力并不会自行发展为说话的能力。学习语言的能力只有在一种特定语言的培养下才能发展为实际说话的能力。

语言学习为伦理道德方面的学习提供了多方面的启示，其中，我最想强调三点。

其一，说话是一种自然而然的活动，这不是指我们天生就会说话，而是说我们通过学习熟练掌握一套程式。有德之行无

---

① 冯特把熟练钢琴家弹琴的活动等等称为"获得性本能"，参见威廉·冯特，《人类与动物心理学论稿》，李维、沈烈敏译，浙江教育出版社，1997年，第27讲。

论来得多么自然,都包含着道德认知,如柯尔伯格所言,"道德行动包含内部的道德认知或道德判断的成分,它们必须被直接地定义、评价为行动之为道德行动的涵义的一部分"。[1] 自然不等于本能。

其二,我们学会说话不仅需要有适合于语言学习的心智组织,而且也需要预先存在一个规范的语言系统,与此相仿,我们仅仅有学善的能力什么都做不了,这种能力之外,还必须已有一个伦理道德系统。我们在一个社会中学习善恶,这个社会在我们开始学习的时候已经有一套是非善恶系统,善端只有通过一个伦理系统才能成为行善的能力。

其三,说话不是信号反应。信号反应是一种本能,是与环境一一应对的因果式的联系:如此这般的刺激引发如此这般的反应;各种信号不组成一个意义体系。而在语言中,各个环节互相勾连,形成一个整体。伦理学习像语言学习一样,不是点对点的学习,而是学习一个系统,所谓"举一反三"是也。义人虽然想都不想就跳下水去救人,但那不是出自狭义的本能,他在这个场合的反应和他在其他场合做出的其他反应相联系,这些反应连贯而成一个可理解的整体。一个人在伦理道德层面上有所行为,这意味着,他的行为形成首尾相连的整体。在这个整体中行为之人是有品有格之人,用英语说,他有 integrity。

第二点和第三点都涉及整体,涉及两个不同的整体。一个是社会伦理系统,我甚至愿把这个系统称作"外在系统"——

---

[1] 柯尔伯格,《道德教育的哲学》,魏贤超、柯森等译,浙江教育出版社,2005 年,141 页。

这个系统不是事先装在我们心里的,而是在"我们之外"的礼义法度。这些礼义法度,在我们今天看来,不像荀子认为的那样,单靠圣人积思虑而得,而是一个社会在历史生活中逐渐形成的,最后或许确有圣人加以提炼和明述。德性总是一种伦理系统的德性,而不是封闭在有德之人一己良知之中的东西。

个人的感知、欲望等等,经由礼义法度的调教,形成另一个整体,个人观念行为的整体,integrity。在这个整体中,一个人的种种本能、感觉、欲望相互协调、相互支持。依照通常见到的良心论,似乎无须礼义法度的调教,个人天生就是一个伦理层面上的整体。而内化论则相反,忽视了个人层面上的整体性。

人们常用"内化"来刻画伦理道德方面的学习过程——有权势的人,成人,用指令的形式把种种规范加给我们(例如不得酒驾)和孩子(例如不要骂人),我们由于惧怕警察或家长的惩罚遵守这些规范,日久成为习惯。内化的思路接受伦理体系的外部性,而良心论往往忽视了这一要点。不过,内化论并不是一条好思路。首先,相当明显的是,不能从洛克那样的白板来理解心灵,内化需要某种内在的准备——一只母鸡无法把一个语言系统内化到它的意识里,同样也无法内化任何伦理规范。更要紧的是,我们不可认为伦理上的学习是把外部规范一一刻录进来,而全不关心这些规范怎样在个人层面上得到整合。我们并不只是把规范当作碎片式的一条又一条规范指令接受下来,规范的习得始终包含着领会,对之所以有这样规范的道理有所领会——为什么不要骂人,为什么不得酒驾。无论什么道理,就得联系到我们的本性上才能领会。通过这类领会,各种规范在个人层面上互相联系，形成整体。如果仍要使用内化这个说法，那么，我们至少应该看到，内化过程同时也就是整合过程。

更常被人忽视的是，我们并非为变成道德人而学习伦理道德，我们首先是要做点儿什么，为了做点儿什么做成什么而学习伦理道德。就像我们学习语汇语法是为了说话。在这个重要意义上，学习伦理生活不如被视作外化：我们天生有着种种欲望与冲动，然而，在人类社会中，只有进入一个既有的伦理生活系统，这些欲望和冲动才能得到表达和实现。行为、行动一端连结于欲望与冲动，一端连结于伦理系统。说话总是用某种语言说话，我们本来是在说一件事情，但同时就展现了用来说话的语言系统。有德之行在做事的同时，也在展现这个伦理系统。伦理行为不仅要求取某种结果，它同时也是一种表达——伦理行为与一般行为的区别之一，正在于伦理行为总是有所表达的。有德之人从心所欲而不逾矩，他率性做他的事情，就已经在表达这个"外在的"规矩系统。

§9 "道德考量"

现在让我们回到跳水救人的义人。在孺子落水这类紧急情况下，我们来不及考虑什么，有些念头一闪而过——还来得及吗？我的游泳技术行吗？——一闪而过，称不上考量。而在较为从容的处境下，我们却会去考虑自己应如何行事。像要不要为灾区人捐款以及捐多少这些事情，人们多半会做些考量。考量什么呢？会考量各种各样的事情：自己的收入支出，上一次已经捐了不少，同事一般捐多少，灾区跟自己的远近——地震可能发生在你的邻县，也可能发生在孟加拉国。

捐款人有好多事情要考量，这些考量中惟独没有"道德考量"。实际上，"道德考量"这个用语就有点儿让人生疑。我们是在自利和道德之间进行权衡吗？这里，权衡的意思是不是指：如果我可以获得更大的利益就可以放弃道德考量？这似乎不大好。但若不是在自利和道德之间权衡，是否意味着咱们应当永远把道德放在第一位？也许像康德设想的那样，不得说谎是一条道德标准，无论为了什么都不可说谎。关于这样的道德律令，下章再谈，这里只说两点。其一，永远把道德放在第一位这个要求似乎太高了，我们谁敢说无论面对怎样的强暴自己都会说真话？面对不义要站在遭受欺凌的人一边，这肯定是道德上正确的，但我们谁敢说无论这不义携带多少强暴而来自己都能挺身而出？其二，即使有道德律令这样的东西，在捐款这样的事上它也帮不上什么忙。很难把发生灾害应当捐款设为一条道德律令，即使有此律令，它也不告诉我们应当捐多少。

的确，在做事之际把道德拉进来考量权衡，事情会有点儿奇怪。了解别人一般认捐多少多半不属于道德考量，而更像了解灾情轻重那样是在了解相关事实。也许有人去了解一般认捐情况是要在自己认捐时表现得比别人更加慷慨或至少不比别人吝啬，但这种"道德考量"似乎不格外让当事人变得更加道德。无论如何，慷慨认捐的义人不是因为多多认捐就道德高尚。

"道德考量"似乎难免陷入进退两难的境地，因为我们一开始就把道德维度从生活的其他维度如利益、情感等等抽离开来，把它们都放置到我们的对面来比较权衡，仿佛我们是在考虑投股，一股是道德股，一股是感情股，一股是利益股。然而，事涉道德、情感、美感等等，我们无法把事情完全放到我们对面加以考虑，而总是连带我们自己得到考虑的。

"连带我们自己得到考虑"这话，最简单的一层意思是或明或隐考虑自己的能力与处境。哪怕你把跳水救人视作道德律令，你也得知道自己会不会游泳。拯救自己的灵魂也许无需自己有什么本事，但跳水救人却需要，治病救人却需要；爱上帝也许无需另有本事，爱你的孩子却需要你会换尿布、煮饭、读懂用药说明。

在这个意义上，你同样会考虑自己的德性。"考虑自己的德性"不同于"考虑怎么做才合乎道德"，它不像初听起来那么荒唐。朋友拉我参加一次秘密行动，我想了想，考虑到我这个人不怎么坚强，于是我拒绝了。这里说的，并非我由于自己胆小而拒绝——这当然也很可能——而是出自某种也许完全正当的考虑：投入秘密而严酷的活动，我临危畏葸，不仅于事无益，反倒带累了整个行动。万一我被抓，也不敢保证自己能挺住不把同伙交待给审问人。

前面说到过，能力和德性往往是连在一起的。不过，最后这类考虑不尽相同于对单纯能力的考虑。胆小不仅是我所考虑的事项之一，它也是我由之出发考虑事情的一个起点。我需要做出这种种考虑，一个主要的缘故就在于我胆小。一条勇敢无畏的汉子不需要考虑这些。

这一点，人们常表述为：道德考虑是内在考虑。这并不错，只是，并不是有两类考虑，一种是内在考虑，一种是外在考虑，我们把它们放在天平上权衡，看看哪种考虑分量更大。内在考虑是说：内在于所有考虑。如果"道德考量"这话有什么意义，那么它不能是说我们在把道德当作对象加以考虑，而只能是说德性不同的人会以不同的方式来考虑一件事情。这是"连带我们自己得到考虑"这话更深一层的意思。

慷慨人和吝啬人不一样，不在于慷慨人考虑怎么做才高尚而吝啬人不考虑这个，而在他们所做的种种现实考虑不一样：慷慨人觉得自己的收入挺多，足够自己捐出很多，吝啬人觉得自己的收入只够自己捐一点点。再以守信为例。我们不一定硁硁然坚持凡应承的事情都要做到。有些承诺不那么重要，有时情况发生了很大变化，我当时答应了，后来不妨向受诺者抱歉，取消或改变原来的应承。但一个承诺有多重要，情况发生多少变化算很大变化，不同的人会做出不同的判断。"一个人的德性不同，这一点会影响他怎样考量问题。"[1] 处在首位的

---

[1] Bernard Williams, *Ethics and the Limits of Philosophy*, Routledge, 2006, p. 10.

是：他们德性不同使他们的考虑不同，而不是他们的考虑造就了他们的不同德性。①

孺子落水，有人跳下去救人，有人开溜，有人围观。义人不是经过考量之后再去跳水救人，另一些人也不一定经过考量然后决定溜开或围观。人们各自出于其性向做出不同的举动。而我们依乎本性去考虑事情，颇近乎我们依乎本性去行事。

---

① 更宽泛说来，我们都知道，判断力不止是智性能力，我们很难指望心胸狭窄的人心浮气躁的人具有良好的判断力。

§10 向善与虚伪

我们依乎本性行事,绝大多数行止无须考量,即使考量,也是依乎本性考量。只不过,碰到孺子落水这样紧急的情况,这一点更明显——义人跳水救人,他不假思索,他依乎本性就跳水救人了。如梁漱溟所说,"善不但是由自然,而实在非自然不行……一为斟酌损益,即不是也。"[①]

在这里,行为者的角度和评价者的角度是有区别的。义人跳水救人,从他自己来看,并不是为了符合道德标准,而是本性使然,行其"不能不然之事"。他考虑的不是怎样做才道德,而是怎样做才能把孩子救上来。而我们旁观者说那是勇敢、道德,说"因为那样做是道德的而那样做"。从评价者的眼光来看,义人是有其他选择的,他可以围观,可以溜之大吉。我们会说,他在诸种可能的做法中选择了有德之行。性情中人不是成心要率性,而是埋头做他的事情——成心率性,恐怕难得率性之爽;而在我们眼里,正因为他埋头做该做的事情,所以他来得自然率性。

§3.1 曾讲到,自然而然的存在是实然和应然的和合处。有德之人,从他这方面讲,自在做他的事情,从我们这方面讲,则为典范。有德之人融合了是与应当。实则,典范之所以不可为论理所替代,关键即在于,在典范身上,"是与应当"和合一体。更高的存在展示了应当,而且,它同时也展示了能

---

① 梁漱溟,《梁漱溟先生讲孔孟》,广西师范大学出版社,2003 年,150 页。

够。与实际存在的典范相比,那种"汝当如此汝当如彼"的道德训诫,若非借助神圣力量,难免苍白。

自然、率性、依乎本性,这些语词听来悦耳,然而,何为自然?骑马自然吗?坐车自然吗?动手术自然吗?动手术时打麻醉药自然吗?自然、率性甚至会成为藏污纳垢之所。见钱眼开不自然吗?贪财好色,嫉贤妒能,恃强凌弱,似乎都在人的本性之中。我喜欢举一个粗俗例子,尿憋了就尿,哪怕尿在王府井十字路口,算得率性?日俄战争的时候,大毛子到咱们东北到处烧杀淫掠,我们却似乎不好说大毛子自然率性。

自然里,不仅有然,而且有自。本性本性,惟持守根本,才谈得上性。我们并不能脱离做事的人来谈论一种做法是否自然——幼儿想要糖果而不得,自然而然哭闹起来,你二十岁,你为要那块糖哭闹起来就不自然。黑猩猩浑身长毛自然,人浑身长毛就不自然。我们也不能脱离所做的是什么事情来谈论自然——腿长结实了,你自然而然就会走路,可你打网球,要没有教练指导,你怎么挥拍都不自然。教练板着你的胳膊,这样拉拍,这样挥拍,一开始别别扭扭的,别扭了一阵,你成了桑普拉斯,每个动作都那么自然天成。在有些事情上,在本能够不着的事情上,不学习就达不到自然。我们通过培养和修炼把非本能的动作和行为做好,而惟当做得好了,它才自然。在艺术活动中,在伦理生活中,不经教化就达不到自然。如前所申言,人性,或孟子所说的性,不是本能那样现成的东西,需要培养和学习才能生长。"学者所以求为君子也。求而不得者有矣夫,未有不求而得之者也。"(扬雄《法言·学行》)王羲之的字自然,乔丹的跳投自然,从心所欲而不逾矩的孔夫子自然。在那些能够生长的地方，生长才能达到自然。橡树种子长成参天大树才自然。孩子长到六岁还接着长个儿自然，到六岁就停止生长了则不自然。与自然相应的 phusis 这个西方概念甚至更突出这一点，phusis 不是僵硬不变的东西，而是生长与繁荣。

天性或自然，指的不是本能式的反应，而是学习达到的反应。尿憋了要撒尿，实在本能之至，你却一直憋到你找到厕所。停留在本能上，乔丹不能把篮球玩得这么自然。你个成年人，眼前有好吃的吃不着就哭哭闹闹并不自然，尿憋了就尿在繁华路口并不自然。你的确可能发现社会生活中很多繁文缛节遏制了你的天性，但你无法靠退回到本能恢复天性。即使你勉强自己在繁华路口拉下裤子就尿，你还是穿了裤子出门的。好吧，你赤身裸体就出门了，且不说你恐怕到不了王府井，首先你就是从房子里走出来的。好吧，你不住房子里，你睡木桶里，可木桶也不是凭本能造出来的。不再纠缠于这些口舌之争吧，我们大概都承认，睡木桶里不是回到本能，相反，要克服很多本能才会睡到木桶里。嘲世主义者力图对抗假道学的不自然，但他用以对抗的方式往往相当矫情，并不自然。

我们无法靠退回到本能达到自然。相反，我们靠培养更高的德性成就自然。培养更高的德性包括对某些本能的克服，前面说，这种培养并非把分离的外部规范一一刻录进来，而是要形成一个观念—行为的整体，以使种种本能、感觉、欲望相互协调、相互支持。要达到整体性，就不能不对某些本能、感觉、欲望加以抑制与克服——克服见球就躲的本能，克服畏葸，克服嫉妒心，克制内急，克制性欲。成长无时无刻不是在克服某些与生俱来的感觉和欲望。来诊所看病的少妇风情艳丽，大夫一个大男人，合规中矩没事人似地诊治。我嫉妒张三，我恼恨李四，我努力不去嫉妒不去恼恨，友善相待。我歧视女性，歧视残疾人，歧视民工，但我努力不去歧视。

那个男大夫，身体和性取向都正常，他不虚伪吗？我努力不去嫉妒，也许我只是努力做出或装出不嫉妒的样子？我努力不去歧视还是努力做出或装出不歧视的样子？我吝啬，但结账时抢着付钱，是我虚伪吗？那要看情况。我抢着付钱，因为我知道吝啬不好，我讨厌自己的吝啬，我立意改掉这个毛病，我不止做出抢着付钱的样子，不止付了钱，而且我为自己这一次不那么吝啬对自己感到愉快——虽然我还没有完全去除吝啬这个毛病，付了钱有点儿心疼，但我在克服吝啬的路上迈出了一步，我有可能最后克服吝啬。当然，我抢着付钱，也可能根本没想着改变自己的吝啬，我一面抢着付钱，一面希望别人抢在我前头，如果事与愿违，到底由我付了钱，我一点儿都不为此感到愉快，心疼之余，琢磨着下次怎么能做得更好——既做出要付钱的样子，实际上又让别人付了账。虚伪的吝啬鬼是在保护吝啬，以便自己始终是个吝啬鬼。克服非伪饰，所克服者，克服者认之为不良，所伪饰者，伪饰者只因他人认之为不良。匿怨而友其人是虚伪，一步步克服嫉妒与怨恨却不是。用道貌岸然的样子来勾引女人是诡计，然而，求诊者尽管风情万种而大夫仍合规中矩做他大夫该做的事情，那可没有什么虚伪——无论他心如止水抑或胸口也有点儿什么在蠢动。

荀子把人为统称为伪，但我们显然需要区分向善之"伪"

与虚伪之"伪"。① 向善当然是需要努力的,连孔圣人也自况下学上达。上文引梁漱溟所言云,善"实在非自然不行",但他又说,"所谓自然,并不是随他去,还是要奋勉不懈"。② 向善之伪不是背离自然,而是达乎自然的努力。

只有圣人才能完全率性,从心所欲而不逾矩;我们凡人从来不曾达到自我与有德的完全融合。在有些场合,我们普通人胆战心惊,勇士却毫无畏惧,但他还是会在有些场合害怕,他仍需要变得勇敢。思想深刻的人当然一般地思想深刻,但每次遇上新问题,他仍然需要认真思考才能思考得深刻。我们一直达不到自我与有德的完全融合,由此我们可以说,人的一生是不断学习成长的过程。

尽管学无止境,我们大体上还是要像古人那样区分学与立,区分学习阶段和成人阶段。在成人阶段,人依其所成之性行动,的确,义人跳水救人,慷慨者为难民捐款,并非因为这些做法比较有德,然而,人在修为途中,却不能不常常考虑什么做法是有德的。义人跳水救人不是由于这样做符合道德规范,而是依乎他的本性行事——惟这样做才是自然的,就像马燕红在高低杠上这样转身才是自然的。在学习阶段,我们的确需要常常考虑怎样做才合乎道德标准,就像马燕红一样,别看她现在一招一式都来得自然,当初训练时,每个动作都在模仿教练教的标准动作,而每次做出正确动作时,倒仿佛那个动作别别扭扭。对有德的人来说,德性是他的本性,是他的存在,而对学习者来说,却不能不

---

① 克制和掩饰,掩饰和伪装形成一系列过渡。
② 梁漱溟,《梁漱溟先生讲孔孟》,广西师范大学出版社,2003 年,151 页。

时时考虑怎样做合乎道德标准,只不过,这种考虑不是道德行为的动机,而是学习有德之行的途径。

少年时期,人的主要任务是学习。我们向典范学习,以求能够学得像典范那样。成年之后,人的主要任务是做事,主导我们怎样做的是手头在做的事情,典范只是参照。尽管我还想成就更高的自我,尽管这是个可嘉的愿望,但我大致就是这个样子了;现在,最重要的事情不是我愿成为什么,而是就我的所是来做事情。性有品,分成三六九等。与其强努着去做那些自己的天性够不到的事情,不如依你所成之性,解决面对的问题。实际上,成年以后,我们进一步的成长几乎只能以做事的方式实现。

我们在一时一事上学习何为德行,是为了学做一个整体有德之人。我本来是吝啬,但我知道吝啬是个缺点,我因克服吝啬而感高兴——我想成为一个较为优秀的人,在优秀的人身上,吝啬是不协调不自然的,是一种扭曲,就像城里人在街头撒尿不协调不自然。如前所申论,伦理行为是一整体。动物的各种本能互相配套,使得它能够在存活层面上保持一贯,伦理品质也互相配套,使得我们能够在人性层面上保持一贯。向善者不只是把各种道德律令刻录到自己身上,他要在伦理层面上过上一种整体的生活。惟为事能执之一贯,才算有性格。惟把种种本能、感觉、欲望加以协调,才称得上本性。真性情人不是朝三暮四之人,率性不是颠三倒四。那些或善或恶的本能不是这里所论的性,性贯穿在一生的努力之中——继之者善也,成之者性也。这种一贯性是性的深义,连系着始与终。无论向善索求多少努力和修为,索求多少改变,万变不离其本。

第八章 个殊者与普遍性[①]

---

① 本章的不少内容来自《说理》(华夏出版社,2011年)一书。本书重构重写了这些内容。

§1 不同的立身之本

柏拉图和亚里士多德把哲思视作最高的生活。若说这只是因为哲思碰巧是他们本人的立身之本，那是说得有点儿轻佻。他们的这一论断，在很大程度上依栖于他们对人生、对灵魂、对理性的总体看法，例如，他们相信对所有人来说都有一种自然的同样的至善。希腊哲人虽然提议良好生活的普遍理想，但要等到基督教兴起，普遍主义才变得咄咄逼人。基督教自认为是普遍的宗教，基督教的上帝是所有人的上帝，基督教最后将让所有人都皈依它，实在不肯皈依，那好吧，你就下地狱去。启蒙运动在很多方面是反基督教的，但在普遍主义这一维则与基督教一脉相承，例如，众所周知，在康德那里，道德命令具有绝对的普遍性。

中国的情况略有不同。孔子当然有他对良好生活的设想，第六章综述孔子对君子的刻画，即大致体现了他的设想。后来，孔孟传统的孝弟忠信礼义廉耻对两千多年的中国士人产生了悠久而深刻的影响，形成了中国士人立身的普遍理想。不过，孔子宽厚求实，一开始就承认道有不同。

的确，即使从前，也从来没有唯一的良好生活理想。墨子的理想不同于孔子，庄子更另有他的理想。眼光移出中国，亚里士多德所设想的良好生活更是未尽相同于孔子所设想的良好生活，伊壁鸠鲁的图景又不同于亚里士多德，更不说后来基督徒所欲求的。斗转星移，今天的社会和观念发生了巨大的变化，今人的良好生活不可能尽同于古人。只说一点吧，古人讲良好生活，讲君子，讲品性识见，讲的都是男人。女人可以快乐，可以幸福，但跟良好生活没什么关系。这显然不再是今天的现实，也不该是今人的观念。依我个人的观感，今人的良好生活跟日常生活、家庭生活、男女情爱有更多的联系，与此相应，何为良好生活这个问题，不只与男人相干；谁知道呢，论品格畅达、生活充实，女人说不定还超过男人呢。

比起古人，今人的价值观更其纷纭万状。从时间轴上看，这在很大程度上来自这样一个事实：历史上的种种生活理想，以种种变形流传下来。我们不再生活在英雄时代，不再生活在信仰时代，但这里那里仍有英雄品格与信仰品格的坚守者，更多的人在捕捉这些品格的影子。我们不再把失节列为头等大事，但在很多为人父母的眼里，在很多丈夫眼里甚至在当事女性自己眼里，失节仍是严重的不道德。从空间轴上看，当今交通便利资讯发达，肯尼亚人会追求自由平等，美国人会心仪藏传佛教。

的确，"夫天下至大也，万民至众也，物之不齐，又物之情也。"（李贽语）人人都叹人生苦短，有人自问昼短夜长何不秉烛游，有人担心的却是少壮不努力老大徒悲伤，孰知其正？今天的人不难承认，不同的个人，不同民族的人，有不同的活法。诚如朋霍费尔所言："伦理学是历史的存在；它并非从天上降落到大地上，它毋宁是大地的子嗣……有美国伦理，同样，有德国伦理，法国伦理。"[①] 各个时代，各个民族，各种宗

[①] Dietrich Bonhoeffer, "What is a Christian Ethic?" In J. J. Kockelmans ed., *Contemporary European Ethics*, Anchor Books, 1972, p. 449. 麦金泰尔在《追寻美德》的第 10 章至第 14 章讨论了西方从英雄社会到近代美德观念的变迁，见阿拉斯戴尔·麦金泰尔，《追寻美德》，宋继杰译，译林出版社，2003 年。

教，提出了不同的人生理想与道德观念，其间的差异当然远远大过朋霍费尔时代西方各国的差异。佛教深持清静平和，而据说，"不论在古代，在基督教中世纪，还是现代，清静平和这一理想从未在西方占据过主导地位"。① 清静平和就好吗？清静解脱心如止水是最高境界？如果心如止水是个好词儿，心如止水就好。但浮士德、梵高，不肯一日安生，却也没什么不好。生机勃勃不是良好生活的要素吗？最高境界这话，说说也罢，九九归一还要依人依事依境而定。②

上一章探讨性善，偏重于善好的形式结构，就内容而言，却没有同一的善好：每个人有他个人的生活旨趣，丈夫立身，各有本末，不同的人有不同的立身之本，你自不妨以修道为立身之本，他自不妨以兼济天下为立身之本，这些都无碍我以极限运动为立身之本。

总之，价值是多元的。你取勤劳致富的价值观，我取得过且过的价值观，你我只是价值观不同，并无对错。人权是一种价值，但那是西方价值，朝鲜人就不把那视作价值，或者——在现实中有时与上面这个说法没多大差别——西方有西方的人权观，朝鲜有朝鲜的人权观。

多元价值观体现了现代的宽容开放的精神。从前，我们这些心怀共产主义价值观的老式人，看到谁埋头挣钱，谁婚外

---

① 罗伯特·波格·哈里森，《花园：谈人之为人》，三联书店，2011年，134页。
② 倘若像康德设想的那样，有一门纯粹的道德哲学，其中清除了一切经验性的东西，不从关于人的知识借取任何东西，(参见康德，《道德形而上学的奠基》，李秋零译，载于《康德著作全集·第4卷》，中国人民大学出版社，2003年，396页) 情况当然会有不同。不过，笔者完全不能认同这样的道德哲学。下文谈到"不得说谎"这类"绝对命令"还将与康德发生小小争执。

恋，谁——啊啊——同性恋，顿时怒从心中起，非跟他斗个你死我活。现而今，我考我的公务员，你做你的买卖，他玩他的行为艺术，相安无事，其乐融融。

与价值多元连在一起的，是文化特殊论。例如，美国文化更崇尚个人自由，而中国文化则更注重安全太平。西方有西方的人权观，朝鲜有朝鲜的人权观，这是因为朝鲜有它自己特殊的文化。

§2 相对主义

依今天的主流思想，价值多元是个好东西。然而，你有你的价值观，我有我的价值观，这不就是此亦一是非彼亦一是非的相对主义吗？而相对主义一直身担恶名，我们常常受到警告，小心不要陷入相对主义的泥淖。那么在今天，价值多元大行其道的今天，我们是不是应当重新考虑我们对相对主义的态度？

相对主义的一种经典表述是：不存在绝对真理；那么，不存在绝对真理这个命题本身是不是绝对真理？这一问似乎显出相对主义是自相矛盾或自我驳斥的。相对主义是否自我驳斥，这个问题引发了很多有意思的逻辑学讨论，但这些讨论大部分跟文化特殊论类型的相对主义关系不大。但文化特殊论仍然面临一些困难，其中比较明显的一个是：也许没有哪种价值为全人类共有，也许美国人的价值观不同于中国人的价值观，然而，又何尝有哪种价值为全中国的人所共有？中国是个多民族国家，维吾尔人的价值观恐怕不同于汉人的价值观。但我们干吗停在汉人维吾尔人的区别上？北京人赞赏的广东人未必赞赏，张三的价值观未必是我的价值观，甚至，张三昨天持之为价值的今天他可能加以否定。[①]

假使价值多元像观光途中的各种"民族文化"节目那样，

[①] 中国人的价值观是否大面上与美国人的价值观有重大区别，大多数中国人是否共享一些基本价值，这些主要不是辨名析理的问题，而是事质问题。

红绿光鲜，各唱各的，各舞各的，你有你的价值观我有我的价值观不仅无妨，而且有趣。可叹，现实生活并不是一场多样价值的联欢会。你要是错过了旅游大巴，淹留于一个异质价值区，价值多样性的意味会不尽相同。你看到死了丈夫太太跟着陪葬，看到年轻人成帮嗑药，然后团伙抢劫强奸，看到另一些年轻人把炸弹绑到身上，然后冲进火车站候车人群中引爆。相比之下，刮痧引起的麻烦微不足道。价值多样性，在旅游景点或在电影院里，有某种观赏价值。然而，价值观不是用来观赏的，人们因不同的价值观做出不同的事情，实实在在的事情，可能伤害别人，当然，还可能伤害自己。我们可以轻轻松松说，以色列人有以色列人的价值观，巴勒斯坦人有巴勒斯坦人的价值观，但依据各自价值观做出的政治决定，会让千千万万的人过得好一点儿，或者，互相厮杀，遭受荼毒。

话说到这里，我们不能不问各有各的活法是你的道德态度的真诚表述吗？我们真把所有价值等量齐观吗？远在天边的事儿，话不妨说得轻松，波斯人有波斯人的活法，希伯来人有希伯来人的活法，但若说到你女儿，你未必认为自制上进是种活法，嗑药滥交也是种活法。不论无差别境界是多么高妙的境界，我们俗人到不了那儿。你真的对那个强奸者和那个舍身保护幼女者同样说是的好的？实际上，你对救人者和害人者都说好的好的，你就什么都没说。你既赞成自由政体也赞成专制政体，你就没有赞成什么。其实，我们何止在他人那里看到多种价值的不谐与冲突，我们每个人自己不也经常为这些不谐感到苦恼，甚至被价值的冲突撕裂吗？

其实，文化特殊论这类相对主义本来差不多都是防卫性的。百多年来，西方文明带着一套普遍主义标准压顶而来，用这套标准衡量，咱们古国处处不如人，国人难免生出几分自卑，如果文化各殊，西洋文化中国文化无所谓优劣，文化人心里会好过一点儿。从自我保护的角度看，文化特殊主义情有可原，然而，这里也有值得警惕之处。一国政府以本国文化特殊为名拒斥某种价值，很少真在为保护文化着想，而多半意在强化其统治，借"保护文化"之名戕害文化传统。文化人的动机也许没有那么可疑，但他们所宣扬的特殊价值往往并不是整个民族普遍共享的价值，而只是这伙文化人那伙文化人钟爱的文化价值。而在更一般的论理层面上，我们还须看到，这一类文化特殊论，乃至一般相对主义，并未从根底上摆脱普遍主义。面对西方，声声皆称文化无优劣，说到布隆迪，啊，当然是有优劣的——中国文化明显比布隆迪文化优越。中国积弱时，文化无优劣，中国貌似成为强国了，中国文化就有了优越性，甚至有了可以为全世界都接纳的普遍性。

§3 底线伦理

我们也许可以这样为价值多元做辩护：我们提倡宽容开放，但同时必须设定一条伦理道德底线——不管怎样提倡价值多样性，反正不能用活人陪葬，不能任由政府乱抓老百姓，不能袭杀平民。在伦理底线之上，允许或鼓励价值多样性。近年以来，国内主张底线伦理最力的学者是何怀宏。何怀宏预感中国可能正处在又一次较大变动的前夕，要迎接这个大变动，他"希望一种温和而坚定的中道力量能够兴起且成为稳固的主流，希望各方都能坚守伦理的底线"。[1] 我正好也有这预感，强烈支持何怀宏的呼吁。但从学理上说，我对"底线伦理"颇多保留——我对普遍主义整体上有所保留。

何怀宏明确表示"这种底线伦理学同时也是一种普遍主义的伦理学"。[2] 但若说希腊主流伦理学也是普遍主义的，却与底线伦理的普遍主义大不相同。希腊人从人的天性入手，勾画出人的整体的自然发展，这种发展的共同归宿——善好——规定了发展的自然的、共同的方向。底线伦理与此相反，它把普遍性放在底线那里，底线之上朝什么方向发展，则见仁见智。与此相应，这两种学说面临的问题不同。我们要问希腊人的是：善好之为归宿这一点是否足以——无论就每个人的生活而言抑或就社会整体而言——把多种多样的实质伦理要求带入和谐？

---

[1] 何怀宏，《新纲常——探讨中国社会的道德根基》，四川人民出版社，2013年，后记。
[2] 何怀宏，《底线伦理学》，辽宁人民出版社，1998年，6页。

底线伦理这种普遍主义面临的问题则简单得多：有没有不受时空限制的绝对伦理要求？

底线当然不是多么高尚多富魅力的东西，照何怀宏的说法，底线伦理已经从君子之德风下降到小人之德草了。底线伦理可以承认，大多数道德规范因时因地变化，较高的要求更是各求所愿，但它坚持有一些最基本的道德规范总是不变的，或不能变，例如，一再提及到的，不可说谎。

人所周知，康德认定，无论什么时间地点场合，人都不可说谎；这是绝对的道德命令，即使暴徒向你打听被追杀的人是否躲在你家，你也得服从这个道德律。这个出了名的论断人们已经争论得太多，我不想再往里搀和。其实，我本来就不是特别明白康德及其追随者为什么把说谎当成天大的事，以我个人的经验论，不知有多少行为远比说谎可恨可鄙。何须碰上暴徒追杀无辜这样鲜见而严重的情况，日常生活就有很多谎话无可厚非：在绝望中安慰自己或病人，飞机遇到危险时空乘职员为避免恐慌谎称情势安全；更琐碎点儿的：有人向你瞎打听与他无关的事，你说个小谎打发他。① 而且，我猜想，要尽可能做到不说谎，最好的办法是行不离缝际动不出裤裆，更不要把逃避暴徒的可怜人藏到家里。

普遍主义者也许非必像康德那样认定无论什么时间地点场合人都不可说谎，他们也许会引进环境因素。对这样的道德普

---

① 参见西蒙·布莱克本，《我们时代的伦理学》，梁曼莉译，译林出版社，2009 年，43 页。桑德尔努力论证"谎言与误导性的实话"之间的差别，在我看来，他那番论证只是让康德的主张显得更加"在根本上无法辩护"。参见迈克尔·桑德尔，《公正》，朱慧玲译，中信出版社，2012 年，146—153 页。

遍主义者来说：道德律虽然是普遍的，但它只适用于"处在相仿环境中的个体"。然而，怎么算是相仿环境？海难和战争是相仿环境吗？侵略战争与卫国战争是相仿环境吗？士兵在战场上和在广场上处境相似吗？遇到海难时，船长和怀抱婴儿的乘客母亲是"处在相仿环境中的个体"吗？考虑到具体的场景千差万别，道德原则的普遍性可能只剩下虚晃一枪而已。普遍主义和相对主义的争点这时转移到环境是否相仿，主张民主为普遍价值的论者其实只是倾向于认为中国的环境跟那些采用民主制的国家相似，相对主义者倾向于认为中国现在的环境跟宋神宗那阵子相似——本来，不承认民主是普遍价值，并不是否定民主是种价值，而是主张这种价值只在特定的环境里是种价值。

中国现在的环境跟哪儿的环境相仿，这类考察是实质考察，不在辨名析理的范围之内。从主义来说，以上述方式提出的普遍主义和相对主义，其实是在同一个平面上打转：它们两者都把原则或价值视作现成的东西，与环境无关的东西，然后从外部来考虑它适用于何种特定环境。

就说谎这件事来说，何怀宏比康德随和些，碰到暴徒向他打听被追杀的人是否躲在他家，他认为"有可能不得不隐瞒真相"，虽然这得满足另外一些条件，例如此前先要考虑沉默、支吾、拖延等诚实的办法是否能摆脱这一困境。就所设想的具体场景而言，我很担心这份周到的考虑会让暴徒看穿我的计谋，我自己既然没把说谎话当成天大的事儿，恐怕不过脑子就对暴徒说了假话。就主义而言，随和一点儿固然会少惹质疑，但康德死硬坚持在任何情况下都不得说谎自有他的道理——普遍主义就是普遍主义,你在这种情况下有一种特殊的考虑,就拦不住我在别的情况下有那种特殊考虑,或者对别的底线做点儿特殊考虑。如我们刚刚指出,这就让普遍主义在原则上滑入了相对主义。当然,照何怀宏所说,即使我们由于处境特殊说了谎,我们也不能"因此而否定谎言的性质是恶"。"恶"这个字眼可能重了点儿,我倒同意说谎不好,要是救无辜是好事儿,说谎也是好事儿,那还讨论什么?讨论的是说谎算不算绝对命令,而不是说谎好不好。

说谎也许不是个好例子,也许有些底线我们人人同意不得逾越,例如,不得滥杀无辜,例如,人不可昧着良心行事。当然——滥字已经在说那样做没道理,无辜已经在说不该杀,麻烦总在于,人们对谁属无辜的看法很可能大不一样。大贪大恶官宦的老婆子女无辜吗?他作威作福那阵子,可是鸡犬升天呢,虽然诛九族怎么说都有点儿过分。无政府主义者为其政治理想刺杀首相,首相无辜还是行刺者无辜?广岛的民众无辜吗?没有他们支持,前线的日本兵就打不到南京,也就无法在南京烧杀奸掠了。有教义说,人都是罪人,这并非海外奇谈。实际上,如果当真有人人同意这回事,就无须底线伦理学来说服我们了。

据柯尔伯格,"心理学和哲学方面的研究都证实了这样的主张:普遍的人类伦理原则是实际存在的",他接着阐发说:"这里的关键是'原则'一词,因为,道德原则不同于道德规则。'不应通奸'是在一夫一妻制度这种特定情形下的特定的行为准则。相反,绝对的责任(像你愿意别人在同样情形下应做的那样去做)则是一种原则……它不受特定文化内容的限制，它既超越又包容了特定的社会法规，因此它是普遍适用的。"① 的确，这里的关键是"原则"一词。道德原则普遍性在受到质疑的时候，往往像这样以稀释内容的方式来为自己辩护，普遍性是坚持住了，但坚持住的是越来越薄脊的无趣的普遍性。良知、本真、绝对责任、不得为恶，这些都是没有多少实质内容的薄脊概念，人人都自称在依良知行事，所行之事却判若霄壤。引起麻烦的总是究竟怎么做就叫依良知行事，怎么一来就履行了绝对的责任。相比之下，无辜稍许厚实一点儿。婚外恋、说谎是厚实概念，人们较少争论何为婚外恋何为说谎，但麻烦又出在，要证明婚外恋和说谎在任何情况下都是恶就比较困难。

普遍主义的论证往往并未超出语词含义的简单解析。你可以争辩说，无论人们在善恶问题上会发生何种争论，但勇敢、忠信、慷慨总是好的，懦弱、狡诈、猥琐总是坏的。它们当然是好的，勇敢、忠信本来就是些褒义词。实质方面的争论是：若一个自杀式袭击者既勇敢又忠信呢？当然，布什不认为他们勇敢，把他们叫作懦夫。不管布什有什么道理，他们看上去一点儿也不像懦夫。

---

① 柯尔伯格，《道德教育的哲学》，魏贤超译，浙江教育出版社，2005，4 页。柯尔伯格及其学派主要从认知发展角度研究道德心理，他们所要确定的普遍性主要是基本认知结构的普遍性，"尽管道德判断的特定内容可能因文化而异"（柯尔伯格，《道德发展心理学》，郭本禹等译，华东师范大学出版社，2004 年，561 页），而这里发生争议的，恰恰是"判断的内容"。

§4 汉斯·昆的"真正的宗教"

看来,伦理思考最终还是摆脱不开普遍主义的道路。汉斯·昆所提倡"真正的宗教",即为这种纠结思路之一例。

上文提到,基督教曾自认为是普遍的宗教。这种观念现在已不流行。当代基督教哲学家汉斯·昆申言,我们不应把自己的民族、文化、宗教视作高人一等,与之相应,也不应认为基督教是获得拯救的惟一途径。这无疑表现了现代开明态度。不过,这种开明态度反过来带来一个疑问:"如果在教会和基督教之外已经存在着拯救,那教会和基督教还有什么必要存在?"[1]

汉斯·昆分三步或曰依三层标准来回答这个疑难。首先,存在着基于人性的普遍伦理标准,任何真正的宗教都不可违背这些总体的伦理标准。其次,每一种伟大的宗教都有自己的圣典,它们提供了一种宗教特有的规范。最后,是特殊的基督教标准,"一种宗教如果在理论上和实践上都让人们感受到耶稣基督的精神,那么,这种宗教就是真的和善的。我把这一标准仅仅直接用于基督教:使用自我批评式的方法提问:基督教在多大的程度上是合乎基督教精神的?不揣冒昧地说,这个标准自然也间接地适用于其他宗教。"(24页)

不难看到,尽管汉斯·昆不再坚持基督教的普遍性,但他

---

[1] 汉斯·昆,《什么是真正的宗教——论普世宗教的标准》,载于刘小枫主编,《20世纪西方宗教哲学文选》,上卷,上海三联书店,1991年,9—10页。本节所引汉斯·昆皆出自此文,不再另立脚注,只随文标出页码。

的三层标准，仍然是以普遍性的程度来区分的。在这三层标准中，最高的也是最普遍的一层是基于人性的伦理标准，它也是标准的标准——下面两层标准能否确立，归根到底以是否合乎第一层标准为准："基督教的特殊标准不仅仅符合宗教的一般本源标准，而且最终地也符合人性的总体伦理标准。"（28页）汉斯·昆笔下的上帝也是这种意义上的最普遍者，他说："基督徒信仰的不是基督教，而是上帝"，（27页）这个上帝，不止是基督教的上帝，而是所有宗教的上帝——"在末日不会再有任何宗教，而只有上帝本身"。（32页）

普遍性高于特殊性，特殊性实现普遍性，"真正的人性是真正的宗教的前提……真正的宗教是真正人道的实现"。（30页）

汉斯·昆身为虔诚的基督教徒，却始终"使用自我批评的方法"反思基督教本身，直面十字军、宗教裁判所、对犹太人的迫害这些历史事实，直面极为排他、不宽容和气势汹汹的霸道态度，直面几乎病态地夸大罪恶和负疚的意识。他的坦诚体现出大器的自信，不由得不让我们心生敬意。但就我们眼下所讨论的普遍/特殊关系而言，汉斯·昆的进路却远不让人满意。核心疑问是：如果存在着最高的也是最普遍的一层，普遍人性的伦理标准，我何不直接依这些标准行事，却要假道基督教或其他任何特殊的标准？用汉斯·昆自己的设问："教会和基督教还有什么必要存在？"如果基督教的特殊标准最终得符合人性的总体伦理标准，它那些特殊标准似乎只是普遍标准的注脚，或更糟，只是一些摆设。如果上帝是超特殊宗教的，那我似乎不必等到末日，现在就该直接信仰上帝而无须信仰基督教或任何别的特殊宗教。再者，若说我们必须通过特殊性来实现普遍性，那我为什么要假道基督教呢——基督教仍然是一种普遍者——我为什么不在我个人身上实现"真正的人道"呢？

对这套疑问，汉斯·昆通过区分外部角度与内部角度来加以回应：在一名"中立的"观察者眼里，基督教只是种种真宗教中的一种，然而，从内部看待基督教，基督教就不只是与其他宗教并列的一种宗教，它是"我的宗教"，在这种宗教里，"我相信我找到了说明我的生与死的真理"。"我面对的不单是需要思考的哲学和神学论证，而是一种宗教的激励"，"只有在某种宗教成为我的宗教之时，对真理的讨论才能达到激动人心的深度"。(25—26 页)

通过区分外部角度与内部角度来回应上述疑问是一个有希望的方向，后文将展开讨论此点，眼下却要指出，汉斯·昆只在这个方向上迈出了一步，尚未探究更加重要的问题：这两种"角度"是怎么联系的？由于这种不足，引入这一区分并未改变他对普遍性的抽象理解。依照这种理解，上帝不止是基督教的上帝，而是所有宗教的上帝。这样的上帝具有更高的普遍性，但我恐怕还不足够普遍：上帝是不是多神教的上帝乃至无神论的上帝呢？看来不是——"只有宗教才能确立一种无条件的和普遍的伦理，同时把它具体化"，(18 页)那么，不归属任何宗教的人能不能"确立一种无条件的和普遍的伦理，同时把它具体化"呢？也许，无论他自己是否承认，其实他也信仰某种宗教？汉斯·昆曾批判"匿名基督教徒论"，指出这种立论把基督教强加于其他宗教："那些不是基督徒也不想成为基督徒的人的意志没有受到尊重……我们不会发现一个严肃的犹太教徒或者穆斯林、印度教徒或佛教徒不觉得把自己当作'匿名的基督徒'的做法是一种把自己的意志强加于人的手段……似乎这些人不知道他们自己是什么人!"(12页)同理,我们似乎也不能把不信任何宗教的人视作匿名的信教者,哪怕我们把他所信的称作"真正的宗教"。

人们常说,语词总是抽象的;然而在另一个意义上也不妨说,语词总是具体的,称 Jehovah,称 God,称 Allāh,称天,称 Sakyamuni,总已经把某种特殊的文化—历史一道说出了。也就是说,一个语词无论意在多么普遍的概念,它总含有某种个殊性,总还不够普遍。较真说,只要用到上帝这个名号,就已经含有对无宗教信仰者的不公。

也许,在所有这些语词所称的至高者之上,其实还有一个更高者,只不过它"无名可名"?即使无神论者也信从高于他自身的存在,那不是任何宗教的上帝,而是这个"无名可名者"。汉斯·昆的确提出了这个建议。至普遍者无名,这似乎是人们所能想到的最终出路了。

§5 家族相似与重叠共识

汉斯·昆所称的普遍者,以及一般说到普遍性,都是从共相或共同点来理解的。基督教、佛教、青阳教都叫做宗教,因为它们有某种共同之处。美国的制度和菲律宾的制度都叫做民主制,是由于并且依据这两种制度共享的共相。

自从维特根斯坦提出家族相似概念之后,很多人开始了解,我们不一定要通过共相来理解一个族类:我们把甲乙丙三国的制度称作民主制,不一定有一种共同点为甲乙丙都具有,情况也可能是,甲种制度与乙种制度有共同点,乙种制度与丙种制度有共同点,但甲和丙之间却不一定有共同点。不难看到,这一进路是共相进路的一种变体,仍然从共同点来理解族类,只不过,它不坚持所有子类具有相同的因素,子类可以通过一系列连环重叠的共同因素形成族类。

近年来流行的"重叠共识"是家族相似进路的一个变式,仍然是从共同之处来理解普遍性。汤一介对普世价值的理解是一显例。汤一介提倡普世价值——一种不断受到当局打压却仍然流行的主张——但据称反对"普遍主义":普遍主义"把某种思想观点(命题)认定为是绝对的、普遍的,是没有例外的,而其他民族的文化思想观念(命题)没有普遍价值,甚至没有价值"。而"普世价值"则是说:"在不同民族文化之中可以有某种相同或相近的价值观念,而这些相同或相近的价值观念应具有'普世价值'的意义,在不同情况下可以为不同民族所接受……因此,我认为,可以肯定地说:在各个不同民族文化中存在着'普世价值'的因素。"① 这个论证用"因素"代替"命题",却仍不出"相同或相近"的巢臼,于是难免共相进路原有的的疑问:如果普世价值说的是不同民族文化之中的某种相同或相近的价值观念,那么,它们就不是"可以为不同民族所接受",而是已经为不同民族所接受了。

这个例子还说明,在相关问题的思考上,我们似乎很难摆脱普遍主义的思路——哪怕思考者本人对普遍主义有所警惕。难以摆脱,因为这些思考依托于一个巨大的传统:普遍者高于个殊者。我们各自处在一种特殊的位置上,要理解其他个殊者,需要先"上升"到普遍性。特殊利益、立场之间发生分歧和冲突,要通过"上升"到"基于人性的普遍伦理标准"来裁定和解决。哲学是最高的学问,因为哲学提供普遍原理,诸如对立统一、物极必反之类的"原理"。

第六章在讨论快乐的时候已经提示,寻找共同点,寻找家族相似,通常是初步的准备,即使找到,多半也不足以说明相关现象异同的关节何在。我们在不同文化和伦理体系里总能找到共同之处或家族相似,然而,伦理学的任务并不是去发现这些,就像优秀的文学作品,不似拙劣的评论家所言,其优秀在于"挖掘出了人性中普遍的东西"。《红楼梦》和《安娜·卡列尼娜》里都有执著的爱情,也都有浪荡子。然后呢?两部小说(或两个哲学体系)的比较研究,其旨趣在于,其一的有些内容通过与另一的对照才得彰显。优秀的文学作品——不似拙

---

① 汤一介,《寻求文化中的"普世价值"》,载于邓正来主编,《世界社会科学高级讲坛讲演录》,商务印书馆,2010年,218页。

劣的评论家所言——并不在于它们"挖掘出了人性中普遍的东西";不嫌有点儿抬杠,我倒更愿说,优秀作品旨在挖掘出个殊人物个殊情事的个殊之处。

至于通过上升到普遍性来解决现实中分歧和冲突,虽然到处可见这种想法,却最不贴近实际。如果确有普遍的伦理标准,在发生分歧和冲突的时候人们确实愿意从自己的特殊性上升到这些普遍标准——最后这一点其实是确有普适标准的主要内涵,因为,如果在发生分歧和冲突的时候人们不愿上升到"普遍标准","普遍标准"就成了空话——分歧和冲突诚然不难解决,但这实际上等于说,人们由此来到他们原无分歧之处。麻烦当然在于,不解与冲突总是来自人们各有特殊的利益、特殊的信仰。以色列人和巴勒斯坦人都是人,他们有很多很多共性,那又怎么样?以色列人还是要占定耶路撒冷,巴勒斯坦人还是要把他们轰走。

§6 环境之为内在制约

个殊者是一切伦理生活和伦理思考的出发点与归宿。然而，个殊者从来不是剥离了普遍性的存在。我是个中国人，你是个基督徒。是个中国人，这不是说：一个赤裸裸的个体处在这个或那个环境之中——我从来作为中国人是个个殊者。

为什么要强调我是个中国人呢？我也是海淀区人、北京人、亚洲人。北京、中国、亚洲，这些似乎只是抽象层次不同。然而，这里关涉的不是一层一层的抽象层次，而是哪个层次标示着社会生活—伦理生活的组织。我出国旅行的时候持有中国护照而不是海淀区护照或亚洲护照，我说中国话而不说亚洲话。这里的要点不在于哪个层次更普遍，而在于社会生活—伦理生活要素在哪个层次上构成有机整体，亦即，构成个殊者。一般说来，这些要素是在中国的层面上而不是在亚洲的层面上构成整体。我是一个个殊者。中国文化，基督教，也是个殊者。与此对照，亚洲很不像是个殊者。就我本人来说，我首先是个中国人。另一些人也许首先是共产党人。汉斯·昆也许首先不是德国人，而是基督徒。世界人也可以是你的首要"身份"。但这并非因为世界人是最高的普遍性，而是因为你这个个殊者所特别在意的价值在世界人的层面构成一个整体——我猜想，通常，那是一个稀薄的整体。你关怀的不是民族而是人性，这并不使得你的关怀更加普遍，你还是以某种特殊的方式关怀人性。

环境并不总是"外在环境"，环境可以对所环者形成内在制约。前面说到，只要一种伦理要求以比较实质的方式提出，就必须考虑到环境的因素。即使主张民主为普世价值，也未必认为宋神宗那时候也适合采用民主制。这并不只是说，这边有一个民主制，那边有一个适合于应用民主制的环境，仿佛原则或价值本身是现成的东西，与环境无关的东西，所要考虑的是这种现成的东西适用于何种特定环境。

民主制不是一个历史—社会环境之外的现成物，它存在于特定的历史—社会环境中，从而须连着它编织于其中的历史—社会环境得到理解。王安石不会对神宗建议民主制，倒不是他考虑到民主制不适用于北宋的历史—社会环境，不是他考虑到神宗可能不喜欢民主制，而是他们两个会不知道自己在谈论什么。我们无法脱离历史—社会环境来设想民主制，就像我们无法脱离特定的语言—文字来设想骈文是什么文体，无法脱离一个平面来设想上下各在什么位置。在一篇关于个人权利的演讲里，约瑟夫·拉兹提到《世界人权宣言》里关于教育权的段落，接着评论说："对初级教育、技术教育、高等教育所做的那些区分在石器时代和许多其他时代都毫无意义可言。把其中任何一部分视为义务教育也毫无意义。"[①] 这不禁让我们想到维特根斯坦那段常被引用的评论："为什么狗不会伪装疼？是它太诚实了吗？能教会一条狗假装疼吗？也许可以教会它在某些特定场合虽然不疼却好像疼得吠叫。但它的行为总还是缺少正

---

① 约瑟夫·拉兹，《新世界秩序中的个人权利》，邓正来译，载于《中国社会科学辑刊》，2010年3月号。这里出现的不仅是时代差别，根据相似的理由，我们也可以就当前世界的某些地区做出同样的断言。

当的周边情况以成为真正的伪装行为。"① "不应通奸"只适用于一夫一妻制度，离开这种制度，我们根本不知道通奸是什么意思。依照康德，不得说谎这条戒律在理性存在者范围内有效，这不是因为我们对理性存在者理应提出更高的要求，而是因为只有理性存在者才会说谎，而这又是说，只有在理性存在者那里，我们才理解"说谎"是什么意思，相应地，才理解"不得说谎"这条戒律是什么意思。

我们不妨借助翻译活动来更具体而微地探讨环境对理解的这种内在制约并进一步澄清共相、重叠共识等观念。

有人问你英语词 law 是什么意思，你回答说，law 的意思是法。这当然不是说，法的意思与 law 的意思完全相同，它们是同一个意思的两种说法。Law 常被译作法，但在另外一些场合，我们把 law 译为成规矩、规律、礼或其他什么。当然，法与 law 的语义有重叠——否则我们怎么会常常把 law 译成法？这个重叠的部分是这两个词的共同之处，看来，我们不妨把这个共同之处称作"共相"。然而，把两个词的语义的重叠部分称作它们的"共相"不是有点儿奇怪吗？两条相交的线有一个交点，这个交点是这两条线的共相吗？如果这两个词的语义的重叠部分是它们的"共相"，我们该怎么称呼这个共相？既不能称作 law 也不能称作法。

这里的要点是一个平淡的事实：law 和法分别属于英语和汉语。一个语词属于一种语言，它只有在它所属的语言里才是一个词，一个单元。Law 是一个英语词，即，它在英语里才是

---

① 维特根斯坦，《哲学研究》，§250。

一个单元，才有含义；法在汉语里才有含义。把 law 和法叠在一起，不妨说，它们的语义有一片重叠，然而，这片重叠不属于英语、汉语或任何语言，因此也不是一个独立的语义单元，也就谈不上"它的"含义。Law 跟法相重叠的这部分语义，连属于 law 的整体含义，须与这个整体含义的其他部分连在一起才能得到理解；同样，法跟 law 重叠的这部分语义与法的整体含义的其他部分连在一起，例如与办法、模仿这些含义连在一起——law 的含义里则不包含这些部分。

"Law 和法的语义有共同之处"这个说法是可理解的，因为这话是从这两种语言的关系着眼来界定共同之处。一旦把共同之处换成"共相"，我们就走上了歧途，因为"共相"意味着它是一个独立的单元，而 law 和法的语义的重叠部分恰恰不是这种东西。"Law 和法的语义有共同之处"不是一个独立的单元，不构成一个整体，所以，它不能通过一个单独的语词得到表达。

两种语言的重叠之处不是共相，两种语言之上也没有共相。斯蒂芬·平克设想，存在一种"思想语"，它是汉语、英语以及其他随便什么语言的共同基础，惟依赖于这种"思想语"，翻译才是可能的——我们把英语翻译成汉语，实际上是先把英语翻译为思想语，然后把思想语翻译为汉语，"懂得一种语言就是知道怎样把思想语翻译成语词串以及知道怎样反过来翻译。"[①] 这里不展开讨论"思想语假说"，只提一个明显的疑问。思想语中的词汇不能与英语中的词汇正好一一对应，否

---

① Steven Pinker, *The Language Instinct*, Allen Lane, 1994, p. 73.

则它就成了英语（且不考虑语法）。那里也许有一个与 law 含义相近的词，说它是 laoi 吧。我们常把 law 译成 laoi，凭什么这么译？因为 laoi 与 law 的语义有大面积的重叠。这个重叠之处既不属于英语也不属于思想语，那我们该用什么词来表达 laoi 和 law 的共同之处？为此我们也许需要思想语和英语之外的另一种语言？

这是一个古老的无穷倒退的困难，柏拉图和亚里士多德都曾以此来质疑流俗的共相理论。其实，我们即使不一味向更高的普遍性上升，也会碰到类似的困难：law 和法需要一个共相，law 和规矩也需要一个共相，与规律也需要一个共相。这还只说到英语和汉语。Law 与拉脱维亚语中的相似语词与斯瓦希里语里的相似语词还会需要好多好多共相，无须多久，共相世界就会过于拥挤。

法和 law 分别属于汉语和英语这两种特殊语言。在法和 law 之上，并没有一个抽象的共相，我们也从不需要先上升或下降到这个共相才会在很多上下文中把 law 翻译成法。我们从英语翻译到汉语，直接就从英语翻译到汉语，不曾经过作为普遍者的第三种语言——你懂你的母语，又懂得另一种语言，就能翻译。

前面说到，没有哪个语词能指称不带任何特殊性的普遍者。God, Allāh, 天, 每一个都属于一种特殊的语言，每一个都把某种特殊的文化—历史一道说出，但同时，每一个都在它所属的语言中指称至高者。在它们之上，不再有无名可名的更高者。"无名"不属于任何一种特殊的语言，但它也不属于一种高于各种语言的语言，或属于作为一切语言基础的语言。倒不如说,"无名"是两种或多种语言的中间地带。"无名可名者"之所以不可名,并非因为它是比语词所能够到的所有普遍者更加普遍——它根本不是殊相之上的普遍者,而是殊相之间的翻译与会通。① 惟殊相可名,殊相之间的会通保持在无名之中,依附于殊相呈现自身。

---

① 前文已申论,从一种语言翻译到另一种语言,无需第三种语言,一种更高的语言。

§7 普遍与会通

事涉不同价值、信仰、政治主张之间的道理争论，要点不在于依循共相进路寻找和上升到抽象普遍性，而在于翻译—会通。我们不要被"采纳民主制"这类通俗说法误导。我们无法把 law 这个词原封不动搬进汉语，"采纳"law 这个概念是说：把它翻译过来，例如，翻译成法；同时，law 这个词仍然保留它与其他英语词的联系，只在英语中有含义，法这个词则在一批中文词中有其位置。

如果我们也说到哲学探究的普遍性，那不会是说哲学提供凌驾于人生道理、物理学真理、心理学真理之上的普适命题。物极必反之类，作为最普遍的命题，不过是些空言；反过来，当它们在适当的场合确实有所说，它们就与其他言说平起平坐而不是更高层次上的言说。哲学思想的确具有普遍性，但这并非由于思想一味上升一直升到最普遍的"共有形式"，而这些"共有形式"因其高于所有特殊语言而无法命名。哲学的努力本在于：把陌生领域的真理——它们来自遥远的时代、边缘文化、物理学或者心理学——翻译成我们的母语，从而我们能够感知这些真理的意义。哲学是转送、翻译、会通："除非这后一种意义上的翻译（这种意义上的翻译指的是'把一种语义内容转送到另一种赋义形式中'——笔者按）是可能的，否则就没有哲学。从而，哲学的主题就是这种普通意义上的可翻译性，亦即，把一种意义或一种真理从一种语言转移到另一种语言中而同时没有造成重大伤害。"①

哲学始终是一种翻译，它活动在两种语言之间，活动在"无名"地带。若说抽象普遍性是静态的，那么翻译—会通的普遍性则是在变化中生成的——"一阖一辟谓之变，往来不穷谓之通"。成功的翻译—解释会通营建起思想的"共有形式"。思想厌避相同，思想繁荣在相通之中。但当然，没有任何东西保证我们总是能够成功地翻译。有些时候，翻译，贯通两种语言的努力，终归于失效和失败。"哲学的源头是翻译或可翻译性主题，于是，这种意义上的翻译失效之处，不啻说哲学发现自己已被击败。"

翻译是有归宿的——我们用法来翻译 law，意在把 law 这个词连通于我们母语中法这个词及其他相关词。无论翻译英语、日语还是斯瓦希里语，我们都是从汉语出发来透视的，也就是说，我们要达到的是用汉语来理解。Law 的意思是法，这么说，汉语已经是理解的归宿。翻译牵涉两种语言，但这两种语言不是平行的，两种语言中总已经有一种"试图使自己而不是另一种成为理解的媒介"。②

哲学作为翻译，也是有归宿的。的确，哲学是求贯通的，但其为贯通有出发点和归宿，总带有特定时代特定地域的诉求，且也带有特定思考者的诉求；同时，贯通之力无论多么强大，总有它力所不逮的广大领域，没有一种贯通能够包揽天地

---

① Jacques Derrida, *The Ear of the Other*, Lincoln and London: University of Nebraska Press, 1985, p. 120. 下一段引文出处相同。
② 汉斯-格奥尔格·伽达默尔，《真理与方法》，洪汉鼎译，商务印书馆，2007年，卷Ⅰ，519页。

间的所有品类。

同理，我们关心人权观念，关心民主制也是有归宿的——是否以及如何把某些社会已经树立起来的人权价值移植到我们这个社会中来？中国现在有特定的社会状况，有一批特定的问题，民主制是否有助于在这种特定状况中解决这些特定的问题？给定中国的国情，我们是否应当并可能采纳民主制？即使不能，我们能够从这种制度学到什么？

由于我们的关心是有归宿的，我们会把眼光更多投向美国的民主制、印度的民主制而不是例如古代雅典的民主制。这是说，我们连同特定的历史—社会环境来考察民主制度。不存在一种普遍的或标准的语言，[①] 仿佛各种语言只是它的子语言，各种语言通过这种普遍语言互相联系；同样，不存在一种不依具体事例、具体观察角度和思考角度而改变的民主制，它"在一切可能世界中为真"，仿佛环境对本质不具规定作用，惟当涉及应用才需要考虑环境因素。我们平常探讨民主制有没有普遍性，探讨的是它能不能有效地从一种历史—社会环境翻译到另一种历史—社会环境中来，而不是通过不断向更高层次抽象来达到普遍性。美国的民主制、印度的民主制、古代雅典的民主制后面是否有一个无论从何种角度来看都相同的民主制本质，至多是学者们在建构理论时的关心所在。民主制是否在抽象共相的意义上普适于全世界各时代更是个不相干的问题——阿育王时候是否应该或能够施行民主制，民主制是否适合当今世界上的其他国家，都不相干。即使世界上大多数国家不适合

[①] 这里不讨论乔姆斯基的普遍语法设想。

施行民主制，我们照样可能得出结论说中国适合。当然，很多国家施行民主制并且繁荣稳定，对采用这一制度的人们是一种鼓舞。

那么，我们是不是该说：各个民主国家的民主制其实各是特殊的制度，英国有英国的民主制，日本有日本的民主制，伊朗有伊朗的民主制。这么说即使没什么错，也没什么意思。若这话是要主张菲律宾的制度与美国的制度并非一模一样，那么，这话无的放矢，没谁会主张它们一模一样。若这话是主张我们在任何情况下都无法笼统地谈论民主制，那么，这话也没帮上什么忙——各个民主国家的民主制其实云云这话里并没有绕开一般的"民主制"。我要说的是，我们并不是把各个民主国家的共同点抽象出来获得了一般民主制的概念，我们基于一个或几个典型民主国家的制度，参照与之相近的制度，形成民主制的概念。

我们从中国的国情来考虑是否应当并可能采纳民主制，在这种考虑的指引下，我们努力扩大自己的视野，去考察另外一些老牌民主制国家的情况，去考察不施行民主制的那些国家的情况，去考察那些新近采纳民主制的国家是怎样学会施行这种制度的以及它们在采纳该制度前后的变化。视野的这种扩展仍然与抽象普适性没什么关系。这些考察并非意在发现英国民主制、日本民主制、伊朗民主制以及古代雅典民主制的共同本质，发现某种不依任何观察角度而改变的民主制本身；就像翻译不需要由共相组成的理想语言作为过渡的桥梁，同样，我们学习例如美国的民主制，直接就学习美国的民主制，并不需要经过作为普遍者的民主制本身。这些考察始终与我们自己的境况相连,不妨说始终是一对一的考察——日本与我们,伊朗与我们。有些文著,从英文译到中文,有些文章,从日文译到中文;普通语言学也许有助于提高我们的翻译水平,但它不是必要的。

以上所论,并不是要否认存在着普遍诉求。信仰自由,男女平权,反对侵略,这些都是当今世界的普遍政治诉求。它们并非一开始就是所有宗教和所有文化共有的价值,它们由宗教—文化的冲突和对话营建而成。没有现成的共识,我们才需要营建共识,在最幸运的时候,冲突各方真诚地"达成"了共识。拉兹在上面所引的演讲中,提出"共时普世性权利"的概念,并说明,提出这个概念并不是依据什么理论,但"存在着一些重要的实际理由"。其根本之点在于,"我们将人权视作所有现今活着的人因现今生活中的共同条件而拥有的那些权利。"[①] 现在通行的人权观念是从西方来的,这一点并不妨碍它可以成为非西方人民普遍要求的权利。不过,这种普遍要求不是从人权的普世性推导出来的,毋宁,倒是对人权的普遍要求这一事实在为人权的"普世性"提供支持。

我们曾提到麦金太尔的观察:古代或中世纪语言中没有与今天所谓权利(a right)相应的概念。中国人从前也没有这样的概念。如今,人们努力在往日的中国的社会生活和思想资源中寻找与之相关的因素,这是一项有益的工作,这倒不在于我们最终要证明权利概念在中国古已有之,而在于这些因素可以

[①] 约瑟夫·拉兹,《新世界秩序中的个人权利》,邓正来译,载于《中国社会科学辑刊》,2010年3月号。

帮助我们更充分地理解现已翻译成权利的 right 这一概念，使它更适切地融合在汉语的语境之中。

§8 个殊者实现自身

伦理学的宗旨不是找到或发明一种最高的价值，功效、义务、自由、爱情或什么，把其他价值加以统摄，使所有价值在这个理论体系中各安其位，其乐融融。这类理论都是纸上谈兵。就像人类利益永远不可能达至和谐一样，不同价值诉求也不可能，它们之间永远有抵牾乃至冲突。如韦伯不止一次说到，各种人生态度不可能协调一致，它们之间的斗争不可能臻于终极的结论。这一点更是以赛亚·伯林一以贯之的主题。没有哪个普遍原理，把少小不努力老大徒伤悲与昼短苦夜长何不秉烛游圆融于自身之中。思想者不可迷恋这种凌驾于一切特殊性之上的普遍性，更不用说把自己的特殊存在直接提升为普适原理。

不断向更高的普遍性上升并不能克服相对主义。但若相对主义指的是对抽象普遍主义的拒斥，相对主义何须克服？本来，没有绝对的不变的至善，人各有各的活法。你有你的活法我有我的活法这话本身没什么错，若说错，那就是用这话来意谓：每一种活法都与别的活法相隔绝，我怎样生活对别人没有意义，我也不可能因为了解别人的活法而对自己的活法感到不满，起意改变自己的活法，于是，我们不可能讨论应该怎么生活，不可能对某种活法提出批评。"中国特色"有什么错呢？除非它的意思是说，我们的官员滥用权力腐化贪污，我们的社会不讲诚信唯利是图，只要它是我们的，那就改变不得，铁定要坚持下去。若说中国人的人权观不同于美国人的人权观这种说法有点儿可疑，那不是因为天下只有一种人权观，而是因为这种说法常被用来作为一道隔离墙，仿佛不同是终极答案，从此不再有优劣好坏之分，不再有互相比较互相理解互相学习并促进改变的余地，仿佛在任何情况下都不应当也不可能建设共同的人权观。这种相对主义，若非要给个名号，就叫它"绝对的相对主义"吧，它实在像是绝对主义的另一个版本。所要克服的正是这样一种相对主义——把本来相对的生存拔高为一种绝对的主义，一种不可能调整和改善的生存。

种种此亦一是非彼亦一是非的困局，很少能通过在纷纭万殊中找到共性得到缓解，遑论解决。我们将始终作为特殊的人，特殊文化、特殊宗教中人，来寻求解决冲突之方。只不过，个殊者并不是完全封闭的，它们之间在种种不同程度上可以互相翻译，互相理解，互相学习。我们不是通过上升到普遍性消除相对主义，我们通过打破自己的隔绝状态来克服相对主义。

各种宗教相互区隔，却非相互隔绝。基督教当然是尊奉耶稣基督的宗教，但如汉斯·昆所言，它"也需要教会以外的预言者和受到启示者；预言者穆罕默德和佛可以突出地列入其中"。进一步，教徒和无特定宗教信仰者也未见得格格不入。没有特定宗教信仰的我们，与各种信仰的教徒交往对话，常深契投机——我们对信仰并不陌生，带着必要的谨慎，不妨说，我们对自己文化的爱与信也含着 the religious 或 religiosity，宗教情怀。

我们各是个殊者，我们由之学习的存在也是个殊者——优秀的品格活在具体的人身上，优越的制度编织在特定的历史——

社会之中——但具体和特定并不妨碍我们学习这种品格、这种制度，相反，惟具体和特定才使学习成为可能——学习是从典范学习，而不是掌握一种本质的东西，把它应用到自己身上。我向一个优秀的人学习，本来不是想要变成这个人，甚至，弟子不必不如师。朋友之间，没谁想把别人变得像自己一样，也没谁要把自己变得像别人一样。"君子不例而同之也，取其善焉已尔。"（何景明《与李空同论诗书》）我们不想变成另一个人，也不想变成一个普遍的大写的人，我们只是要作为个殊者变得更优秀、更丰富，并使我们身处其中的生活世界整体变得更优秀、更丰富。①

我们准备好改变自己，也常常试图说服他人改变。§1.8曾经讨论过说服，在眼下的上下文中，我想再多唠叨几句。在说服这件事上，很多人仍然持有启蒙主义的态度，一则是精英手握真理，居高临下地开启蒙昧者，二则是对理性说服抱有很高期望。然而，伊斯兰教徒和基督教徒都认为自己信仰的是真宗教，但谁曾说服过谁改变信仰？且不说这么严重的改变。你把自己的生命尽量投入工作，我呢，不求进取，衣食完足之后就四处优游。你我谁能说服谁呢？这事儿，我们也可以反过来想想：要是我听了一个讲座，就从伊斯兰改信基督教，听了另一番道理，就成了无神论者，这叫从善如流吗？这似乎只是表明，我这个人从没真正信过什么东西，我信这个或信那个没多

---

① 伊格尔顿以爵士乐队为例来说明此点，在一个爵士乐组合的即兴表演中，每位乐手自由表达自己，而"每位乐手的演奏越有表现力，其他乐手就越发从中得到灵感，受到激励而把自己表达得更加精彩"。特里·伊格尔顿，《人生的意义》，朱新伟译，译林出版社，2012年，98页。

大区别。这样的人,你会信赖他吗?只有在一种情况下我们会看好幡然迁之这样的事情:我已经准备好了改变,万事俱备只欠东风,结果看起来一席道理就把我改变了。

事情还不止于在生活旨趣层面上我们不可对说服抱有过高的期望,我们甚至还要问:我们在何种意义上应该改变别人?别人一个个放弃了他们各自的生活宗旨,归并到了你的宗旨之下,生活还有什么意思?早有智者指出,关于生活的事,没有人愿被说服,而且我们还恨那些说服了我们的人。① 道德家们常为价值纷乱担忧,呼吁在价值观上营造共识。我对这类呼吁抱有怀疑。我总觉得,官员强奸幼女农民报复灭门这类恶性事件跟价值观统一不统一关系不大。再说,营造共识的努力能奏效吗?我倒以为,与其致力于营造共识,倒不如努力造就一种局面、一种制度,使得不具共识的人们能够较为和谐地共同生存。

如今,心智健全的年轻人,难免对主流价值充满警惕,偏爱另类的生活方式。但一种生活方式并不因其另类而不再有优劣之分。另类生活其实从来不曾隔离于主流生活和主流价值,而且,即使摆脱了主流的优劣评价,一种生活方式内部仍然有优有劣。其实,批评与说服依赖于友谊才有效果,友诤友直,依赖于友谊:理解友人特有的生活旨趣,影响和批评都从他的既有生活旨趣出发。朋友间互相影响、批评、砥砺,这些,使得各自不断加深自我理解,加深对他者的支持,从而在自己的

---

① 埃皮克提特,《道德论集》,转引自周辅成编,《西方伦理学名著选辑(上卷)》,商务印书馆,1964年,236页。

生活旨趣中变得更加优秀、更加深厚。个殊性不是普遍性的实现，个殊者通过互相理解和互相支持实现自身。

本来，无论取何种生活，包括信奉基督，信佛，都不能让我们免于批评。批评不仅来自外部，而且也来自内部。在基督教这样巨大的宗教内部，在中华文明这样巨大的文明内部，本来就存在着多种多样的区隔。汉斯·昆就是以基督教教内人的身份提出对基督教历史的批判。同样，华夏文明内部始终存在着对这种文明的具体内容的质疑和批判。其实，就爱之深责之切而言，宗教间对话、文化间对话倒可以视作内部对话的延伸。"要在一个多元化的世界进行宗教对话，各宗教本身都必须具有一种自我批判精神，这样才能谦卑地聆听其他宗教的真理，从而带来自我反省。"①

批评与说服不是谁在启蒙谁，这些只有发生在"内部"才有真正的力量。汉斯·昆身为基督徒，对他来说，惟有在基督教里，"对真理的讨论才能达到激动人心的深度"。我们中国人关心人权概念的异同，关心民主制有没有普适性，研究罗尔斯理论的得失，惟当这些探索成为我们文明的内部问题，它们才"激动人心"。

"上升到普遍"不是思想的归宿，更不是生活的归宿。生活的真理从来都是在这个传统或那个传统之中展现自身的，正因为只有身在一个传统的内部才能对真理爱得深切信得真切，在我们这个不断营建普遍价值的时代，对自己身属其中的文明

---

① 袁蕙文，《论否定神学对宗教对话的意义》，载于游斌主编，《诠释学与中西互释》，宗教文化出版社，2013年，55页。

所怀的"宗教情怀",或特定的宗教信仰,绝未失去意义。我们只能以一种特殊的方式得到救赎。有人由基督教的上帝救赎,有人由华夏文明救赎。有谁竟由普世宗教或普适伦理救赎,那仍然是一种特定的救赎,而不是更高的救赎。

图书在版编目（CIP）数据

何为良好生活:行之于途而应于心/陈嘉映著.-上海：上海文艺出版社.2015.4
（2025.8 重印）
ISBN 978-7-5321-5691-7
Ⅰ.①何… Ⅱ.①陈… Ⅲ.①伦理学
Ⅳ.①B82
中国版本图书馆 CIP 数据核字（2015）第 067007 号

本书由上海文化发展基金会图书出版专项基金资助出版。

出 品 人：毕　胜
责任编辑：肖海鸥
封面设计：胡　斌　周安迪
封面题签：黄华侨

何为良好生活
——行之于途而应于心
陈嘉映　著
上海世纪出版集团
上海文艺出版社 出版
上海市闵行区号景路 159 弄 A 座 2 楼　201101
上海世纪出版股份有限公司发行中心发行
上海市闵行区号景路 159 弄 A 座 2 楼 206 室　201101 www.ewen.co
上海盛通时代印刷有限公司印刷
开本 890×1240　1/32　印张 9.75　插页 4　字数 203,000
2015 年 4 月第 1 版　2025 年 8 月第 25 次印刷
ISBN 978-7-5321-5691-7/B·47　定价：59.00 元

告读者　如发现本书有质量问题请与印刷厂质量科联系
T：021-37910000